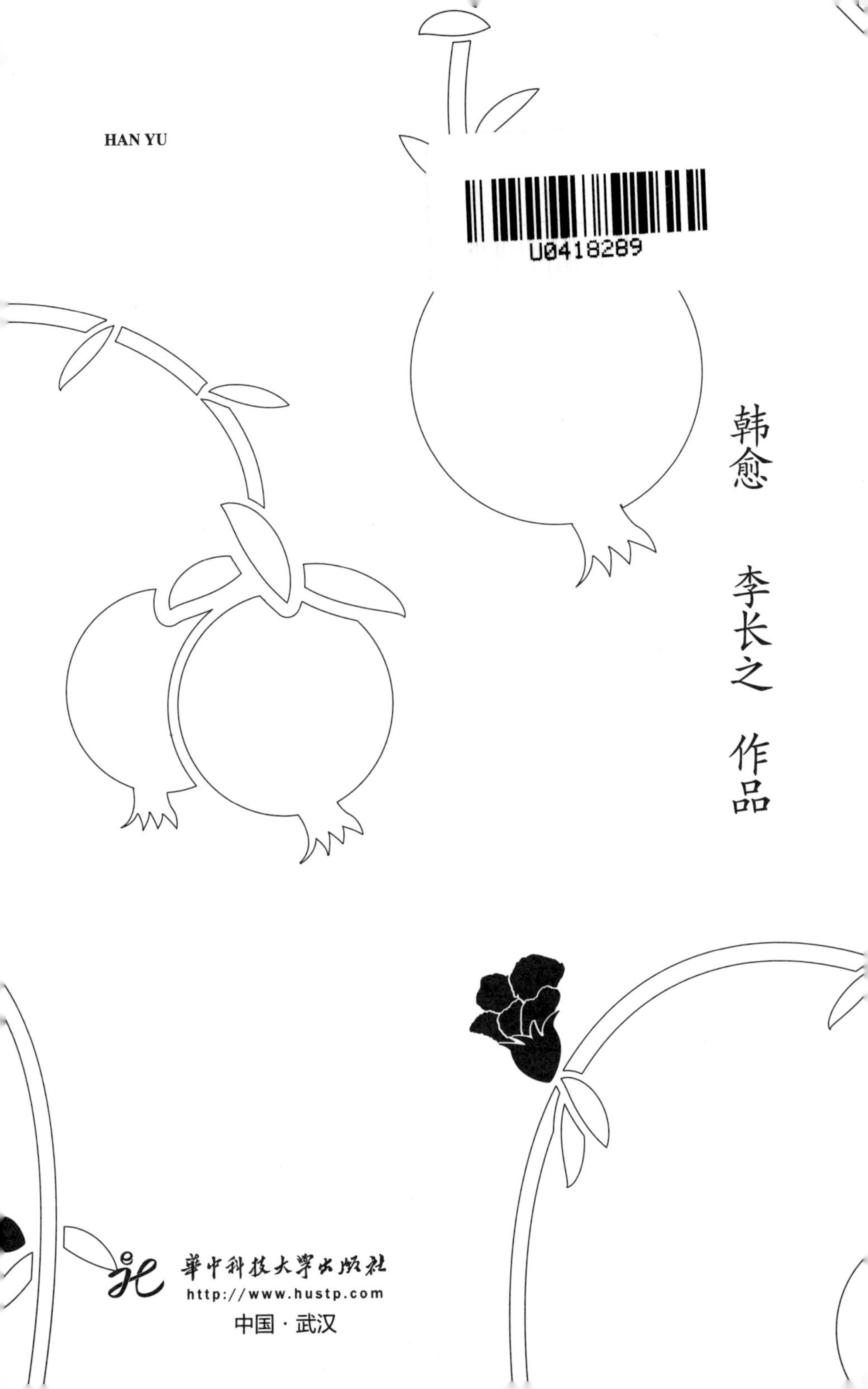

HAN YU

韩愈　李长之　作品

華中科技大學出版社
http://www.hustp.com
中国·武汉

有态度的阅读
小马过河（天津）文化传播有限公司出品

新版导读

李长之先生对于中国文学的研究，在现当代的学者中卓然独立，似乎很少有学者能够与其比肩。

虽然他只活了69岁，从事学术研究和创作的实际岁月不足40年，可留下来的论文，单就中国文学的研究已有600余篇，10余种学术专著。其作品数量惊人，跨度极大，从上古文学到现当代文学都有所涉猎，涵盖了多个领域的几乎所有重要作家。其研究所及，几乎就是一部完整的中国文学史，实际上这也正是他的毕生渴望——用尽心血撰写一部像样的中国文学史。他的论著质量也非常高。长之先生去世后，其著作没有被人忘记，被汇成文集，许多专著被多家出版社争相出版，有的一版再版，像他的《孔子的故事》现已有二十多个版本；有些著作还被译成英、俄、日等国文字在海外流行，有着极高的学术声誉。

长之先生的中国文学研究，虽然精彩纷呈、风姿各异，却也有着统一的风格，带有长之先生特有的烙印，这些烙印散见于论文，更鲜明地集中体现在他研究作家的传记中。也因此，长之先生虽然集诗人、学者、批评家、翻译家于一身，却往往被一些学者称为传记文学作家或传记式文学批评家。

长之先生的传记式文学批评简单概括起来有这么几个突出的特点：

其一，是视野开阔，能够把传主的生平事迹、学术成就、后世影响，不仅置于当代的背景，而且置于中国的文学长河中审视，尤能放在世界文化的大背景下考察，并给以透彻明了的说明。

长之先生会多种语言，学贯中西，他常言有三个向往的时代，“这三个向往的时代：一是古代的希腊，二是中国的周秦，三是德国的古典时代”①。在叙述传主生平的时候，他往往以这三个时代为参照。谈孔子，他开宗明义说：“二千五百年前，也就是公元前六世纪左右，世界上几个古老的文明国家都呈现了灿烂的古代文化，一些杰出的学者和思想家就是这种灿烂文化的代表。在希腊有自发唯物论的奠基者泰勒斯（约在公元前六二四至前五四七年）和辩证法的奠基者赫拉克利特（约在公元前五四〇至前四八〇年），在印度有佛教的创始人释迦牟尼（约生于公元前五五〇年），在中国有孔子（公元前五五一至前四七九年）。”②谈司马迁的历史观，他说：“一个历史家的可贵，首在有一种‘历史意识’。有历史意识，然后才能产生一种历史范畴。历史范畴是什么呢？历史范畴就是演化。凡是认为一切不变的，都不足以言史。自来的思想家，不外这两个观点：一是从概念出发，如柏拉图，如康德；一是从演化出发，如亚里斯多德，如黑格尔。司马迁恰恰是属于后者的。

① 李长之．李长之文集：第十卷 [M]．石家庄：河北教育出版社，2006：151.

② 李长之．李长之文集：第一卷 [M]．石家庄：河北教育出版社，2006：135.

用他的名词说，就是变，就是渐，就是终始。”[①] 叙及李白的才气，他比照说：“倘若说在屈原的诗里是表现着为理想（Ideal）而奋斗的，在陶潜的诗里是表现着为自由（Freiheit）而奋斗的，在杜甫的诗里是表现着为人性（Menschlichkeit）而奋斗的，在李商隐的诗里是表现着为爱（Liebe）、为美（Schönheit）而奋斗的，那么，在李白的诗里，却也有同样表现着的奋斗的对象了，这就是生命和生活（Leben）。”[②] 对于李白的豪气和才气，他说：“李白诗的特色，还是在他的豪气，‘黄河之水天上来’，这是再好也没有的对于他的诗的写照了！在一种不能包容的势派之下，他的诗一无形式！或者更恰当地说，正如康德（Kant）那意见，天才不是规律的奴隶，而是规律的主人（Das Genieist Meister der Regelu und nicht ihr Sklave），李白是充分表现出来了。”[③]

文学传记中对于人物的评价描述，颇近似于物理学中的定位。物理学中对于物体的定位，原则是参照的坐标越多，审视的高度越高渺，定位就越准确。现代物理的定位系统已发展为多个卫星高空定位。文学传记对于历史人物的评价描述也是这样，囿于一隅一时，坐井观天，是绝对写不出好的传记来的。正如庄子所说：“夫水之积也不厚，则其负大舟也无力。覆杯水于坳堂之上，则芥为之舟，置杯焉则胶，水浅而舟大也。”

阅读长之先生的传记文学，你能够感受到他丰厚的学术根基、

---

① 李长之．李长之文集：第六卷 [M]．石家庄：河北教育出版社，2006：339.

② 李长之．李长之文集：第六卷 [M]．石家庄：河北教育出版社，2006：7.

③ 李长之．李长之文集：第六卷 [M]．石家庄：河北教育出版社，2006：76.

雄阔的学术视野，他对于中国文学和世界文化了如指掌，随手拈来，参照比较，得心应手。唯其站得高远，比照观察的对象丰富，故其叙述能高屋建瓴，挥洒自如，对于传主的生平、学术、影响的判断也就格外精准，这是一些盲人摸象、目光如豆的传记作家所难以比拟的。

其二，是他的文学传记富于浓郁的感情色彩，耐读，有兴味，具有抒情性。

长之先生主张："批评家在作批评时，他必须跳入作者的世界，他不但把自己的个人的偏见、偏好除去，就是他当时的一般人的偏见、偏好，他也要涤除净尽。他用作者的眼看，用作者的耳听，和作者的悲欢同其悲欢，因为不是如此，我们会即使有了钥匙也无所用之。"但他又说："具体的，以我个人的例子来说，我是喜欢浓烈的情绪和极端的思想的"，"以感情作为批评态度"，"以写出感情的型作为最高文艺标准"。他说："感情就是智慧，在批评一种文艺时，没有感情，是决不能够充实、详尽、捉住要害的。我明目张胆地主张感情的批评主义。"[①]

如果说，长之先生主张的前者是对于一般传记作家的要求的话，那么，他所主张的后者则是张扬着自己的要求，体现了他的个人色彩。

写传记时跳入传主的世界不易，与传主同悲欢，进一步诉之于有浓烈情感的文字更不易。为什么呢？因为传主是有感情的人，文学艺术家传主的感情较之一般人更是敏感丰富，否则他们怎么

① 李长之．李长之文集：第三卷［M］．石家庄：河北教育出版社，2006：11–13.

能写出感人的作品呢？但感知一个伟大灵魂的情感，即使不是另一个伟大的灵魂，起码要相去不远。所以古人说："音实难知，知实难逢，逢其知音，千载其一乎。"庆幸的是，有着丰厚学术根基的长之先生恰恰同时也是诗人，也是散文家，是一个在感情上敏感而丰富的人。他多思善感，读《红楼梦》可以热泪盈眶；重校自己的《司马迁之人格与风格》关于李陵案的一章，竟然"泪水一直模糊着我的眼"。他自己就是美学中"移情"的典范。所以，就"批评家在作批评时，他必须跳入作者的世界"，"就宛如自己也有那些思想和情绪"而言，他与一般的传记文学作者并没有区别；但以长之先生的性格，以他的感情的批评主义的理论和实践而言，他的传记文学所表现的感情色彩就较之一般的传记文学要强烈张扬得多。由于他具有语言天赋，他的笔锋又足以传递出那感情的浓烈，阅读他的传记文学就很容易感同身受，被其强烈的抒情性所吸引、感染。

其三，他的传记文学能够把学术性和通俗性有效地结合，雅俗共赏，老少咸宜。

长之先生的许多传记文学起初是作为通俗读物出版的。《孔子的故事》自不待言，《韩愈》在民国时期被列入"中国历代名贤故事集"，《司马迁之人格与风格》曾在《国文月刊》上连载，《道教徒的诗人李白及其痛苦》在二十世纪五十年代由三联书店以"中国历史小丛书"形式出版。但它们又有很高的学术性，不失为严谨的学术性著作。七万余字的《孔子的故事》，脚注多达二百三十九条，几乎每页都有相关的脚注，引书达几十种之多，可称言必有据。《司马迁之人格与风格》作为大学本科研究《史记》的必读书目，其中第一章的附录《司马迁生年为建元六年辨》在一九五五年还被一个叫刘际铨的人剽窃在《历史研究》上发表。为此，长之先生致信郭沫若，《历史研究》杂志发表声明致歉，而“司马迁生于建元六年”遂成为司马迁生年研究中的重要一说。他的《陶渊明传论》发表后，遂在二十世纪五十年代的古典文学界掀起了讨论陶渊明的热潮。

关于通俗读物的写作，长之先生有热情，也有明确的追求，那就是宋人所说的，“凡立言，欲涵蓄意思，不使知德者厌，无德者惑”。他一生的论著其实也都本着这一原则。但他很谦虚地表示：“至于做到做不到，自己却不敢说了。”

眼下读者所见到的长之先生关于文学家的传记式批评，共有六种，它们是《孔子的故事》《司马迁之人格与风格》《陶渊明传论》《韩愈》《道教徒的诗人李白及其痛苦》，以及《鲁迅批判》。但长之先生所写成和计划想写的其实远不止这些。已经成文发表的古典文学长篇论文还有《屈原作品之真伪及其时代的一个蠡测》《孟轲之生平及时代》《西晋诗人潘岳的生平及其创作》《李清照论》《〈琵琶记〉的悲剧性和语言艺术》《关汉卿的剧作技巧》《洪昇及其〈长生殿〉》《章学诚精神进展上的几个阶段》《刘熙载的生平及其思想》《红楼梦批判》等；至于专著，尚有《杜甫论》《李商隐论纲》等未完成。后二者是早在二十世纪三十年代，长之先生撰写《道教徒的诗人李白及其痛苦》时就立志要写的。可惜天不遂人愿，虽然长之先生已然有了充分的构思，完稿指日可待，可由于某些原因，戛然而止。关于杜甫的传记，只留下提纲；关于李商隐的传记，只来得及写了论纲——均成了《广陵散》，给后人留下无比的遗憾和悬想！

于天池、李书①

2021年于疫情中

① 于天池，北京师范大学中文系教授、博士生导师。李书，九三学社中央社史研究中心研究员。

自　序

在我所写的书之中，恐怕再没有比这本更坏的了，我写完了时不禁这样想。因为，我答应写此书时虽然是在今年五月初，但六月一开始，即接到母亲的信说病了，便立刻乘汽车赴绵阳，去看她并接她。来是水程，到达时已是七月。水程是相当危险的，有一次夜间狂风雨大作，船已漂在江心，顶篷都被吹去了，我自忖大概到了生命的尽头，却幸母亲和三弟终于随我安全地到了重庆了。很可纪念的是，一部《韩昌黎全集》却也就在水程中读了一过。七月中又为安家忙，天也热，竟未能着笔。八月要动笔了，但想到所写的《司马迁评传》还有些头绪急待发挥，因而先抽空写了《史记各篇著作先后之可能的推测》一长文。九月的前半，则为要晓得韩愈在整个古文运动中的地位，以及古文风格的整个演化，乃把《古文辞类纂》又从头到尾一页一页地翻读了一遍。所以事实上本书乃在九月十八日才正式动手，费了十四天工夫，在十月二日写完。照我平常写东西的习惯，是不大预计日程的，只让作品自然地写出：我正在写的司马迁就是如此的，说不定半年、一年、三年、五年呢！可是这次却因为几次缓兵计都失败了，交卷期迫，于是只好不暇让作品自然地得到它的面貌。——然而不是有人说文章是逼出来的吗？急就章也不一定比经营多少年的差呀！那么，我又多少可以解嘲了。

况且本书至少为韩愈也昭雪——或者发掘了不少，如他之急于求进是在早年穷困之际，虽急于求进，但得仕之后却也未尝不为国为民尽了忠，而且也并不恋栈。《原道》一类的论文，撇开逻辑问题不谈，撇开佛、老之本身的思想是否毫无价值不谈，而在文化史上，以及在儒家的根本入世精神（包括重在社会组织与社会组织中各分子的职责）上，却自有它不可动摇的价值与意义。他的人格一面是卫道，是严肃；但另一面却又热诚、温和，甚而幽默。他的文章，在根底上是“碑”的精神，所以写那么些墓志铭并非偶然，也并非全为谀墓之作；至于表现在《原道》《谏迎佛骨表》等中的韩愈固然是真的面目，但表现在抒情诗、不经意的信札，或者遣兴的滑稽之作如《送穷文》《毛颖传》《进学解》等中者，也许更真些。我不能说在什么时候自己再写一部较佳的《韩愈评传》，不过相信，就是写，也还是以这些为基础而已。最后，我却忽然想到司马迁所谓“无岩处奇士之行，而长贫贱，好语仁义，亦足羞也”，以及韩愈所谓“有圣者为之依归，而又有箪食、瓢饮足以不死，其不忧而乐也，岂不易哉”。我自愧是做不到贫而无怨的，更做不到贫而乐，在这衣食不足温饱之际，愁米、愁柴就把精力耗光了，因而还忍对自己的作品要求太苛吗？于是，这本可以汗颜的书也就壮了胆子呈现在读者跟前了。——却希望读者多多加以指正！

三十三年[1]十月二日，夜雨淅沥中，长之记。

重校修改过一次，又觉得本稿尚不如想象中之坏，可笑可笑。

十月四日，再记。

[1] 即民国三十三年，公元1944年。——编者注

目录

韩愈传

编者按

为尊重和保留创作原貌，编者仅在处理文字讹误等方面做了必要的工作。如有疏漏，望读者指正。

一 导　言

韩愈，这在过去读文章的人看来，是多么煊赫的名字！在五四时代，又是多么招骂的目标！然而真正的韩愈如何，是一般人所模糊的。我们需要明白他的真面目！

他的生年是唐代宗大历三年（公元七六八年），死在穆宗长庆四年（公元八二四年），一共活了五十七岁。

在他这五十七岁的生涯中，我们似乎可以分为四个段落：从一岁到十九岁，可称为他的幼年时代，这划分是以他始至京师（那时的长安）为段落；从十九岁至二十九岁，乃是他的游学时代，终止于他的始宦之年；从二十九岁到五十一岁，是他的成熟时代；以潮州之贬，作为他第三时期与第四时期的分界，从五十一岁到五十七岁，是他的晚年。

二　籍贯和先世

说也奇怪，韩愈虽是一个河南人，但他仿佛一生和广东有缘似的，一共到过三次。这三次的广东之行，就仿佛他一生的进行曲中的节拍。

原来他的籍贯是河南省内、黄河以北，现在称为沁阳的地方，当时称为河阳。他自己老说归河阳，或到河阳去省坟墓，以及在他五十三岁的时候，他的第四个女儿名叫挐的死了，他于是“归女挐之骨于河南之河阳韩氏墓葬之”，都证明这里是他的老家。

平常有一个误会，是说他是邓州南阳人，这是因为当时有两个南阳：一个是河南的西南部，就是所谓邓州南阳；一个是河南的北部，这是所谓河内南阳，也就是河阳。后者才是他真正的故里。

平常又有一个误会，是说他是昌黎人，后人甚而已经很普遍地称他为韩昌黎了。其实，昌黎也有好几个不必说，韩愈根本与昌黎的韩氏并不是一脉。这误会的来源是韩愈的自叙。至于他在自叙中为什么不称自己的真正地方南阳而称昌黎呢，朱子已经觉得“不可晓”。朱子说也许是姓李的就一定说是陇西李氏，说姓刘的就一定说是彭城刘氏之类吧。朱子这话很有道理，但还没有说到更透彻的地步。现在我们得读陈寅恪先生的《唐代政治史述论稿》，就晓得原来在唐初有一种继承北周以来的谱系上的故意的大改造，在当时是故意，到后来却也就信以为真了。所以当时所谓某姓出自某地，并不要太重视。

至于韩愈的先世，照我们现在所知，我们只晓得韩愈的七世祖是韩茂，曾在后魏有功，封为安定王（这是根据宋祁的《新唐书》中的《韩愈传》这样说的。假若根据李白所作《武昌宰韩君去思颂碑》，则韩茂应为韩愈的八世祖；然而李白的文中又缺着韩愈的七世祖，不知是诗人弄错了，还是史家粗心）。这位韩茂曾做过尚书令、征南大将军，可以称得起一位大官。

韩愈的六世祖是韩均，做过金部尚书。五世祖是韩晙，做过银青光禄大夫、雅州刺史。雅州就是现在四川的雅安。

韩泰是韩愈的曾祖，做过曹州司马。

现在说到韩愈的祖父韩睿素了，他做过朝散大夫、桂州都督府长史，不过早死了。把韩愈的父亲韩仲卿和三位叔父抚育长大的，是他的祖母钱氏。这是一位贤母，使四个儿子都有所成就。其中尤以韩云卿为最能文章，又有智谋，做过监察御史，当时还有张子房之称呢。说不定韩愈的文才就是受了这位叔父的感染。

他的父亲韩仲卿则是老大，当过好些地方的县令，也是一位干才。大概韩愈之实际方面的才具，或者就是有受父亲的一点遗传了。很可以作为文坛佳话的，是大诗人李白曾为韩仲卿写过一篇《武昌宰韩君去思颂碑》，是当他在武昌做县令去职时所作。

文中称他："未下车，人惧之；既下车，人悦之。惠如春风，三月大化。奸吏束手，豪宗侧目。"可见不但有德，而且有威。

李白死在公元七六二年。他没料到只过了六年，为他所赞扬的这位武昌令，就生下一个和李白自己差不多一样才气的文坛盟主了。

李白赞扬过他的父亲，这是韩愈的幸运，然而韩愈不幸的是他父亲死得很早，在他三岁时，已经做了孤儿。

在幼年时代，负起养育这位天才儿童的责任的，先是他的老兄韩会，后是他的嫂嫂郑氏。柳宗元作的《先友记》上说："韩会……善清言，有文章，名最高，然以故多谤。"可知他这位老兄，也颇有和韩愈相似之处。

在韩愈八岁时，随着这位哥哥离开河南，到过陕西。到了他十岁时（大历十二年，即公元七七七年），韩会因为受了宰相元载受诛的牵连，把担任记录皇帝言行的"起居舍人"的官丢了，贬为韶州刺史。韶州就是现在广东的曲江区，在粤汉铁路上。韩愈当然随着到了韶州。这便是他第一次到广东的来由。

三　嫂嫂·侄儿·乳母

据皇甫湜所作的墓志神道碑上说，韩愈七岁就好学，出口成章，这不能不归功他兄嫂所给的诲导。

在韶州大概没有两三年吧，韩会就死了，死时才四十二岁。以后便由嫂嫂郑氏单独负起教养韩愈的全责来。

郑氏一定是一个很果断很有才能的女性。丈夫死在这样一个边远的地方，跟前的小孩子们正啼叫得不可开交，全家大大小小有一百左右人口，假若别人处此境地，恐怕要一筹莫展，但是她毅然率领他们北上，“水浮陆走，丹旐翩然”（韩愈祭郑夫人文），不避任何艰难困苦，终于把丈夫归葬于河南沁阳。

接着是中原战事爆发，藩镇李希烈、朱滔、王武俊谋叛，郑氏又带着韩愈等避难到了宣州（现在的宣城，在安徽的东南部，也就是大诗人李白最后归宿的所在）。避难的生活当然是艰苦的，可是韩愈的治学基础，正是在这时打下。他在三十岁时所作的《复志赋》中，有追叙这时生活的话：“值中原之有事兮，将就食于江之南；始专专于讲习兮，非古训为无所用其心。

窥前灵之逸迹兮，超孤举而幽寻，既识路又疾驱兮，孰知余力之不任。”重古训，已透露了他终身的事业。

他这苦学的一段，也不过在十四岁到十七八岁之间。他大概像刚刚生牙的小牛小羊，要试着啮取一切青草一样的吧，逢见书，就急切地吞噬了。他急切到这种地步，几乎忘了自己的吸收能力。任何大学问家是一定经过这个阶段的。这时他每天背记数千百字，不久就把六经百家的学问都窥测了一个大概。我们试想，一个十几岁的孩子，又没有父母，哥哥又死了，假若不是他的嫂嫂善于诱导，是绝不会这样走上正路的。所以他后来时刻不能忘了嫂嫂的看顾，是应当的。

和他在江南同住在一起的，还有他那有名的《祭十二郎文》的主角，名字是老成。这是韩愈的侄子，过继给他的哥哥韩会。当时韩愈的三个哥哥都死了，就韩仲卿的后代说，韩愈是唯一活着的儿子，十二郎老成便是唯一活着的孙子。他们都孤苦伶仃地为郑氏所抚育着。他嫂嫂每指着他俩道：“韩家的两代，现在只有你们俩了！”这时十二郎更小，不能懂得这句话的意义，就是韩愈自己，也是在后来回忆时，才感觉到其中的悲切（原文见附录一二）。

像我们不能忘了韩愈的嫂嫂一样，我们也不能忘了韩愈的一个乳母。这位乳母姓李，是徐州人，一直奶着韩愈，老死在他们的家里。她看护保育韩愈，也同样是韩愈的一位恩人。她老人家眼看着韩愈考中了进士，做了“大学教授”（国子博士），当了河南令，娶了妻，生了二男五女，在韩愈四十四岁时才死去。韩愈曾为她写过墓志铭（这也许是中国文学史上第一篇铭念乳母的文章！），并且带着女人儿孙去祭祀。

在韩愈生活的第一期，使我们看到了他的苦学，是他后日在文学上所以能够不朽的基础。

四　游学京师

十九岁这一年，是德宗贞元二年（公元七八六年），韩愈初到京师（小时也去过，但记忆已经模糊，无何意义可言），这开始了他生活史上的第二时代，就是我们所谓游学时代。

这时他的精神上，一方面有了新的营养，这就是他在京师得与提倡古文的先驱独孤及、梁肃一般人来往，受了他们的感发，更增加了自信。独孤及在《检校尚书吏部员外郎赵郡李公中集序》上说：

> 志非言不形，言非文不彰，是三者相为用，亦犹涉川者假舟楫而后济。自典谟缺，《雅》《颂》寝，世道陵夷，文亦下衰，故作者往往先文字，后比兴。其风流荡而不返，乃至有饰其辞而遗其意者，则润色愈工，其实愈丧。及其大坏也，俪偶章句，使枝对叶比，以八病、四声为梏拱，拳拳守之，如奉法令，闻皋繇、史克之作，则呷然笑之。天下雷同，风驱云趋，文不足言，言不足志。亦犹木兰为舟，翠羽为楫，玩之于陆而无涉川之用。

痛乎流俗之惑人也久矣。

梁肃在《常州刺史独孤及集后序》上也说：

> 唐兴，接前代浇醨之后，承文章颠坠之运，王风下扇，旧俗稍革，不及百年，文体反正。……洎公（独孤及）为之，则又操道德为根本，总礼乐为冠带，以《易》之精义，《诗》之雅训，《春秋》之褒贬，属之于辞，故其文，宽而简，直而婉，辩而不华，博厚而高明，论人无虚美，比事为实录。天下凛然，复睹两汉之遗风。

都可见他们的志事，正是韩愈的先驱。

在另一方面，韩愈对人生的体验，却更深入了一层。在以前，他只晓得单纯地“读圣人之书”就是了，不懂得还有所谓娱乐生活。在以前，他尤其不了解做官——其实只是做“公务员”而已——的用处，他认为不过是为别人而已。现在才由于生活的贫困，知道这也是一种为了自己谋生的一条出路。

怎样入手呢？就是考试。韩愈一共考了四次，最后才在二十五岁时登了进士，这时是贞元八年（公元七九二年）。

考试的是那时有名的政论家陆贽，推荐韩愈的人就是上面所说提倡古文的先驱之一——梁肃。当时梁肃荐举了八个人，后人推测是：欧阳詹、李观、李绛、崔群、王涯、冯宿、庾承宣，加上韩愈。这八人都是稀有的人才，所以那一次的考试有“龙虎榜”之称。那次考试的题目是《明水赋》《御沟新柳诗》，韩愈作的诗已经遗失了，赋还存着，很看出有一些才气。

这样韩愈应该飞黄腾达了么？然而并没有如此顺利。在我们叙说他求仕失败之前，却应该先补说一说他这时的作品。

在他二十三岁的时候，曾作有《上贾滑州书》，贾滑州是贾耽，这时是检校右仆射（检校是加衔，仆射是宰相之任，掌佐天子议大政），兼滑州刺史、义成军节度使。滑州就是现在河南北部和河北交界的地带的滑县。《上贾滑州书》，是集中除了一些不能确定著作时日的少数作品之外的最早的文字，录出以见他少年作风的一斑：

> 愈儒服者，不敢用他术干进。又惟古执贽之礼，窃整顿旧所著文一十五章，以为贽，而喻所以然之意于此。曰：丰山上有钟焉，人所不可至，霜既降，则铿然鸣，盖气之感，非自鸣也。愈年二十有三，读书学文十五年，言行不敢戾于古人，愚固泯泯不能自计，周流四方，无所适归。伏惟阁下，昭融古之典义，含和发英，作唐德元；简弃诡说，保任皇极。是宜小子刻心悚慕，又焉得不感而鸣哉！徒以献策阙下，方勤行役，且有负薪之疾，不得稽首轩阶，遂拜书家仆，待命于郑之逆旅，伏以小子之文，可见于十五章之内；小子之志，可见于此书。与之进，敢不勉；与之退，敢不从。进退之际，实惟阁下裁之！

在一般人看，也许觉得韩愈很早就是这样急于卖身投靠了！

但我认为这样单刀直入地自我推荐，未始不是一种公平而合理的做法。因为他所凭的，并不是人情，而是成绩。当局者认为合格，就可录用，否则却就作罢（事实上是果然没有反响！），多么干脆！这在西洋，是很普通的。何必一方面自居清高，另一方面又暗地找亲戚托朋友，钻营贿赂，才算正人君子？况且看后来韩愈得入仕途，也确乎是想为国家作一番事业，至于他自己的享受，根本一点也说不上。他是要求服务，不是要求权利，直接请求，又有何不可？要说他所向着请求的人不好，就说他不好，这更是说不通了。这是当政者之咎，并非韩愈之咎。再说韩愈也不是贪恋禄位之徒，否则他又何必拚着性命去谏佛骨？我在这里不能不为韩愈辩，为我们所可惜的，倒是这封信中所说的十五篇作品，我们不晓得是什么。假若能保留下来，我们就可更确切地讨论韩愈更早的文章了。

在《上贾滑州书》的第二年，他二十四岁，作有《送齐皞下第序》。他自己的考试虽然还没有得意，他却已经安慰起别人来了。——人类的可笑常是这样的。这篇文字笔势很平衍，但已经颇完整。

在他考中进士的一年，作有《争臣论》，这却是一篇有价值的政论。这篇文字专为当时的谏议大夫阳城而发。阳城做谏议大夫已经五年了，对朝政的得失，一点也没尽到言官的责任，所以韩愈便大攻击了一番，说他："今阳子在位，不为不久矣；闻天子之得失，不为不熟矣；天子待之，不为不加矣；而未尝一言及于政，视政之得失，若越人视秦人之肥瘠，忽焉不加喜戚于其心。问其官，则曰谏议也；问其禄，则曰下大夫之秩也；问其政，则曰我不知也。有道之士，固如是乎哉？”以下更痛快地说：“得其言而不言，与不得其言而不去，无一可者也。”阳城本是一个隐士，能苦读，当局是因为他的声望而举用的，一般人也都对他有所期待。现在身为谏官而不言，当然是有些使人失望的。不过普通人因为震于其名，还为他辩护，韩愈这时是一个二十五岁的青年，却就不顾一切，而加以激劝，后来裴延龄排挤陆贽，阳城出来力争；德宗想以裴延龄为相，阳城也在朝廷恸哭谏阻；这时已是《争臣论》写后三年了，说不定就是韩愈那篇文章的力量呢。全文用问答体，像孟子。

五　考场失败

韩愈考中了进士，为什么还不能立刻进入仕途呢？原来按唐朝的规矩，在礼部登了进士第后，还要经过吏部的考选，按程度高下，才给官做。但是吏部的甄别试验，韩愈却受了一些挫折。

在吏部里，有一种“博学宏辞”的科目，假若考取了，尤其可以得到较好的位置。韩愈在他考取进士的第二年，就又应考博学宏辞。

在考试时，有《上考功崔虞部书》，他说本不赞成现在的考试，因为大家都是只在“取名致官”，谈不上“事业功德”，而且古人四十而仕，他说离这也还有十四年，不过实际生活太压迫了，“今所病者，在于穷约，无僦屋赁仆之资，无缊袍粝食之给”，所以也就逃不了这一关。他那时躁进烦闷的话，是有这些：“始者谬为今相国所第，此时惟念，以为得失固有天命，不在趋时，而偃仰一室，啸歌古人，今则复疑矣。未知夫天竟如何，命竟如何，由人乎哉？不由人乎哉？”

同时又有《应科目时与韦舍人书》则在锐进之中而仍表现他的倔强。他自己承认是一个“非常鳞凡介之品汇匹俦”的怪物，如果得水，可以上下于天，风雨变化，否则就将困于穷涸，为猵獭所笑，可是接着说：“然是物也，负其异于众也，且曰：‘烂死于沙泥，吾宁乐之，若俯首帖耳，摇尾而乞怜者，非我之志也。’是以有力者遇之，熟视之，若无睹也！其死其生，固不可知也。”虽求援，但援不援不在乎，这是他的倔强。

这次考试的题目是《太清宫观紫极舞赋》和《颜子不贰过论》。在后一篇文里，他解释所谓“过”，并不是发于行，彰于言，而后为过，凡是生于其心，即为过。圣人根本没有过，颜子则比圣人差一等，但能止之于未萌，绝之于未形。不贰过者，就是不二之于言行而已。这说法颇新奇，可代表韩愈早期的哲学思想。他后来的《原性》，把人性分为三等，未始不是进一步的发挥和修正。

但是这次考试却失败了，第二年，二十七岁了，再参加博学宏辞考试，那次的题目是《学生代斋郎议》。学生系指国子监的学生，斋郎是奉宗庙社稷的小官，韩愈主张不能代，因为“宗庙社稷之事虽小，不可以不专”，学生也有学生的本业，他们是要赞教化、成德艺的，不能分他们的心，耽误他们的工夫，结论是：“考之于古则非训，稽之于今则非利，寻其名而求其实则失其宜。”文采虽不见丰富，但是颇有条理。

可是仍然失败了。这一年，他曾回沁阳省墓，在郑州曾作有《赠张童子序》，勉以“夫少之与长也异观。少之时，人惟童子之异；及其长也，将责成人之礼焉。成人之礼，非尽于童子所能而已也；然则童子宜暂息乎其已学者，而勤乎其未学者可也”。

次年，他又做第三次的尝试，这时是二十八岁。谁知道，还是失败。

难道博学宏辞的考试，竟与进士的考试有什么大不同吗？并不然。“或出所试文章，亦礼部之类”（《答崔立之书》），哪里有什么不同！

韩愈为生活所迫，而去求仕，因而走上了考试的路。这是职业，而不是事业。他心目中的文章，也岂是考场中所需要的，因而他的苦闷来了，看看自己考场中的文章吧，“退自取所试读之，乃类于俳优者之辞”，于是“颜忸怩而心不宁者数月”了。

他愤慨地说，就是让坟墓里的大文学家出来应试，也一定失败：“夫所谓博学者，岂今之所谓者乎？夫所谓宏辞者，岂今之所谓者乎？诚使古之豪杰之士，若屈原、孟轲、司马迁、相如、扬雄之徒，进于是选，必知其怀惭，乃不自进而已耳。设使与夫今之善进取者，竞于蒙昧之中，仆必知其辱焉。”

然而就是这五位豪杰之士考试失败了，也何损于他们的成就？他们的自负，也岂能和一时的得失相较论？韩愈的真正抱负也的确不在此。他说：“方今天下风俗，尚有未及于古者。边境尚有被甲执兵者，主上不得怡，而宰相以为忧。仆虽不贤，亦且潜究其得失，致之乎吾相，荐之乎吾君，上希卿大夫之位，下犹取一障而乘之。若都不可得，犹将耕于宽闲之野，钓于寂寞之滨，求国家之遗事，考贤人哲士之终始，作唐之一经，垂之于无穷。诛奸谀于既死，发潜德之幽光。二者将必有一可。”他的意思是：愿意贡献于教育或军事，救国家之急，否则就将从事历史著述，学《春秋》的褒贬。

至于他现在之参加考试，不过是：“其小得，盖欲以具裘葛，养穷孤；其大得，盖欲以同吾之所乐于人耳。”这时，崔立之因为他三次失败，拿献玉者之“虽两刖足不为病”来劝慰他，他大不以为然：“仆之玉固未尝献，而足固未尝刖，足下无为为我戚戚也。”

古文家的最大的毛病是不说真话，只是装腔作势。所以他们的论文，多半是装点门面，祭文多半是宗教仪式的附属，书札也多半是应酬敷衍。然而这篇《答崔立之书》却是非常真挚的。张廉卿批评这封信是：“自行胸臆，信笔写出，自然郁勃雄劲，真气动人，作家所不磨灭着实在于此。”这话是对极了。

由《答崔立之书》看来，二十八岁的韩愈在考试上虽不顺利，但已经写出不朽的散文，又已经确立不朽的抱负了。

六　挣扎

然而抱负是一回事，考试的失败却也终归是失败，韩愈是个文人，而不是圣人，因而他不能不愤愤，在失败中求挣扎。

在这年的正月二十七日，有《上宰相书》。仍本他自我推荐的做法，请求宰相举用他。这封信先引的是《诗经》《孟子》，认为培养人才是最可称道的事。谁该负这种责任呢？那就是君与相。至于他自己，则是一个标准的读书分子，亦即理想的士，你看，“名不著于农工商贾之版，其业则读书著文，歌颂尧、舜之道。鸡鸣而起，孜孜焉亦不为利。其所读，皆圣人之书。杨、墨、释、老之学，无所入于其心。其所著，皆约六经之旨而成文，抑邪与正，辨时俗之所惑。居穷守约，亦时有感激怨怼奇怪之辞，以求知于天下，亦不悖于教化。妖淫谀佞诪张之说，无所出于其中”。没有一点不是正统。可是他现在的运命呢，“四举于礼部乃一得，三选于吏部卒无成”，所以不得不上书了。他的看法很直接，他认为国家既需要人才，士人也需要位置，“上之设官制禄，必求其人而授之者，非苟慕其才而富贵其身也；盖将用其能，理不能；用其明，理不明者耳。下之修己立诚，必求其位而居之者，非苟没于利而荣于名也；盖将推己之所余，以济其不足者耳。然则上之于求人，下之于求位，交相求而一其致焉耳……可举而举焉，不必让其自举也；可进而进焉，不必廉于自进也”。真为西洋人的作风！又为使人根据成绩决定用与不用起见，仍然是抄了若干首文章，请宰相们审查。

殊不知在中国这种社会，是不适宜于这样做法的，当时既无效果，后世还挨了许多骂，况且这时的宰相是赵憬、贾耽、卢迈，其中之一就是所谓贾滑州，他在二十三岁时已经上书而如石沉大海的了。

可是韩愈不死心，隔了十九日，就是二月十六日，又第二次上书。他说他像受了水火之灾的人一样，对任何人都想求救，“蹈水火者之求免于人也，不惟其父兄子弟之慈爱，然后呼而望之也；将有介于其侧者，虽其所憎怨，苟不至乎欲其死者，则将大其声疾呼，而望其仁之也”。他更说：“古之进人者，或取于盗，或举于管库；今布衣虽贱，犹足以方于此。”意思是：难道自己还不够一个强盗么？真是像他书中所谓“情隘辞蹙，不知所裁”了！

然而这封信仍是枉然，于是又隔了二十九日，即三月十六日，作第三次的上书。这一次没有引《诗经》《孟子》，却提出周公一食三吐哺、一沐三捉发之说。他说难道你们宰相比周公还高明吗？周公还那样虚心求才，你们为什么拒而不纳？国家的政治，难道也真正到了不需要人才的时候了么？韩愈举出：“天下之贤才，岂尽举用？奸邪谗佞欺负之徒，岂尽除去？四海岂尽无虞？九夷八蛮之在荒服之外者，岂尽宾贡？天灾时变，昆虫草木之妖，岂尽销息？天下之所谓礼乐、刑、政教化之具，岂尽修理？风俗岂尽敦厚？动植之物，风雨霜露之所沾被者，岂尽得宜？休征嘉瑞、麟凤龟龙之属，岂尽备至？”否则就不该对人才这样冷淡，就不该让韩愈一上再上而志不得通，“足三及门而阍人辞焉”！再说，他这样急于求仕，是学孔子，不过孔子是在不统一的春秋时代，一国不用，可以去另一国，现在不然，“今天下一君，四海一国，舍乎此，则夷狄矣，去父母之邦矣”，断断不能到夷狄那儿去做官啊！还有一条出路是到山林里去，可是这在韩愈也做不到。因为“山林者，士之所独善自养，而不忧天下者之所能安也；如有忧天下之心，则不能矣”。韩愈的态度虽若可笑，然而是实情。他的民族本位思想在这里，他的入世思想在这里。后来排佛，也不外一则因为那是“夷狄之法”，二则因为那是“欲治其心而外天下国家”，在韩愈正是前后一贯的。

然而说什么，也是没有反响。于是，只好在这年的五月，收拾行李，离开京师长安而东归了。因此他的游学生活，算告了小小段落。

他在京师时的穷困情形，后来隔了四五年，才在给李翱的一封信里说出来：“仆在京城八九年，无所取资，日求于人，以度时月；当时行之，不觉也。今而思之，如痛定之人思当痛之时，不知何能自处也。”所以他那三上宰相书的急进，就更可原谅了。

七　东行

韩愈住了将近十年的京师长安，只好在失望中、感慨多端地离开了。

他的路线是东行，先过了潼关。在路上看见有拿着白鸟、白鸲鹆要西去呈献给天子的，路上的人都避开，甚而没有敢正视的，韩愈因此很感触了，觉得“今是鸟也，惟以羽毛之异，非有道德智谋，承顾问，赞教化者，乃反得蒙采擢荐进，光耀如此”，于是作《感二鸟赋》。主旨是：“遭时者，虽小善必达；不遭时者，累善无所容焉。”可是他仍然很自信，所以他说“盖上天之生余，亦有期于下地”，而且年华方富，不必绝望，因而就“幸年岁之未暮，庶无羡于斯类”了。

由潼关再东行，回到老家沁阳。在这里，产生了他一篇不朽的散文，《画记》。这篇文章的好处，不只在前大半篇记载多少人物及多少马牛的详尽和缜密（所以有人说像《考工记》），也不只在他形容各种动作的语汇之丰富，于以见笔力之大，我却觉得尤其难得的，是在其中有一种趣味和胸襟。他这张画是去年（贞元十年，二十七岁）在京师时，和独孤申叔赛棋赢来的，本来爱不忍释。到了家以后，逢巧有一次谈到画品了，他就拿出来和大家鉴赏着。谁知道座中有位姓赵的，见了十分伤心，原来就是他自己手摹的，后来丧失在福建，已经二十多年了，时常还记挂在心上。他要求再让人重摹一下吧，他自己是已经没有这番气力了。韩愈听了，十分同情，便立刻慷慨地赠给了赵君。但是他自己也何尝不爱惜？所以“记其人物之形状与数，而时观之，以自释焉”。这样一来，就是前面那像十分科学又十分枯燥的记述，也顿然有一番情趣了。这真是一篇好文章（原文见附录六）。

在家里没住了多久吧，就又到了东都洛阳。在洛阳东三十里偃师尸乡的地方，有田横墓，这是韩愈从沁阳到洛阳所必经的，他当时作有《祭田横墓文》，也是一篇杰作：

> 贞元十一年九月，愈如东京，道出田横墓下。感横义高能得士，因取酒以祭，为文而吊之。其辞曰：事有旷百世而相感者，余不自知其何心；非今世之所稀，孰为使余歔欷而不可禁？余既博观乎天下，曷有庶几乎夫子之所为！死者不复生，嗟余去此其从谁！当秦氏之败乱，得一士而可王。何五百人之扰扰，而不能脱夫子于剑铓？抑所宝之非贤，亦天命之有常！昔阙里之多士，孔圣亦云其遑遑；苟余行之不迷，虽颠沛其何伤！自古死者非一，夫子至今有耿光！跽陈辞而荐酒，魂仿佛而来享！

全文不满二百字，可是含义丰富极了，感慨是多方面的，文情是曲折的。他先是羡慕，后是疑惑，但又认为当然，最后却又是赞誉了。这唱歌式的抒情笔调，又这样峰回路转，恐怕只有司马迁才能够！其中富有青春的活力，是更不用说的了。就风格论，另一杰作《伯夷颂》或亦同时作。

在求仕上失败的韩愈，在文章上未始没有补偿。有趣的是：这些文章在未绝望于仕进时，终于未写得出。二十八岁这一年，也可以说是他的文思自实际生活的考验中解放出来的一年呢。

在他生活的第二期，使我们看到了他的文章已经确立不朽的地位，他的入世救世的热诚也已经表露，同时他的友谊生活（这在他是很重要的），也以十九岁入京师而开端了。梦幻的童年，现在开始转而为面对着顽强的现实生活之压迫了。

八　初入仕途

韩愈从政的机会终于到了！贞元十二年（公元七九六年），韩愈二十九岁了，董晋在七月当了宣武节度使，韩愈跟着到了开封。至于韩愈如何到了董晋的幕中，是自荐抑被约，我们都不晓得。董晋所管的地方，称为陈留郡，有汴、宋、亳、颍四州，包括现在河南东部和安徽西北部，屯兵有十万。

韩愈初到时，好像没有正式的名义。正式得到“汴宋亳颍等州观察推官”的任命，恐怕是贞元十四年，韩愈三十一岁的时候。所以一般人都认为那才是韩愈始宦之年。但我们现在注重他实际上生活的变换，于是径以二十九岁为他第三期的生活的开始。这就是所谓成熟时期，是他生活上较长的一期。

董晋这个人是稳重而有胆识的。曾当过使回纥的随员，敢侃侃对外人交涉，曾劝说过李怀光，分散了朱泚的势力，后来又做了五年的宰相。这时汴州多事，先是刘立佐死了，他的儿子刘士宁代之，因为畋游无度，在畋游时便被部将李万荣赶走了。李万荣的部将韩唯清、张彦林又作乱，几乎又把李万荣杀了。过了三年，李万荣得了疯病，他的儿子又想学刘士宁，自己世袭，却被监军使俱文珍和部将邓唯恭捕解到京师。这时李万荣也死了，就由邓唯恭暂代。就是这时，董晋受命为宣武节度使，由韩愈等做了随员，毅然入汴的。

他们并没有带武力。到了郑州，也没有人来迎。这时就有人劝他停止前进，观观风头吧，更有从汴州出来的人，也说以不去为妙。但是董晋都不听，宿在田野里，仍然前去。过了中牟，有来迎的了；第二天邓唯恭和其他将领也露面了，于是遂进了开封城。其实邓唯恭也很想盘踞作乱，因为他们来得太快，没有准备得及。邓唯恭慢慢见出董晋并没有害己之心，也就安心了。从前因为几次叛乱的结果，主管的人对部下，一次一次地加高待遇，闹得士卒非常骄纵。到了邓唯恭时，便只好在戒备上加严，公庭上都满布挟弓执剑之人，又时时劳以酒肉。董晋一到，立刻把这些戒备撤除，境内反而太平了！

韩愈在开封幕中的第二年，在春天曾作有《送汴州监军俱文珍序》，这是一篇应酬文字，不足重视。不过俱文珍是一个宦官，后来在政争上极重要，韩愈后日的进退，不无受他的牵连处。到了这年的七月，韩愈因病退休，曾作有《复志赋》。前半叙述他幼年以至现在三十岁的生涯，后半说他在董晋这里也不得意："固余异于牛马兮，宁止乎饮水而求刍？伏门下而默默兮，竟岁年以康娱。"他愿意作一番事业，不愿意只安于一种职业生活。初入社会的青年，往往责任心强，不愿意吃闲饭，"昔余之约吾心兮，谁无施而有获？嫉贪佞之洿浊兮，曰吾其既劳而后食"。假如吃闲饭，还不如辞去职业生活，或就一种卑贱的职业，以换得自由呢。"苟不内得其如斯兮，孰与不食而高翔？抱关之厄陋兮，有肆志之扬扬。伊尹之乐于畎亩兮，焉富贵之能当？”他直然有陶潜的今是昨非之感：“往者不可复兮，冀来今之可望！”

从这里看，韩愈也未尝没有恬退之想。这一受挫折就思退，是和前些时在京师的躁进状，同为青年时期之纯真的表现。这样，我们就不唯不觉得他三上宰相书为可厌，而且觉得可爱——一个不知世间艰辛的青年的可爱了！

贞元十四年（公元七九八年），是公认为韩愈始宦之年。因为这一年他才有正式的任命，当了推官。这时他是三十一岁。我们不晓得他在《复志赋》中所发的牢骚是否和没有正式的任命相关，但是我们知道他现在是又在汴州幕中了。这一年他作有《天星送杨凝郎中贺正》一诗、《汴州东西水门记》《清边郡王杨燕奇碑文》。三篇都是应酬之作，诗最无可观，碑文不过作到洁净，可注意的倒是《汴州东西水门记》。吴挚甫批评这文说：“此但用东汉金石体，而骏迈完固，乃古今无类，学韩公不从此入，不能得其雄峻。”从前包世臣说字有碑帖之别，我觉得文章亦然。金石之文，就是所谓碑；抒情之作，就是所谓帖。韩愈的文，因为是兼具碑帖两种性质（略偏重于碑）的，所以成就最大。但这是单就文章的技术看如此，就内容看，就觉得他究竟表现情趣和思想的太少了（不过这是机会的问题，我们对他只有原谅和同情）。《汴州东西水门记》也只可以技术观之而已。

九　徐州小住

刚得了正式任命的第二年，春天二月二日，董晋却死了！

董晋驻汴以来，屡次请朝，不许。后来生病了，又请，并说："人心易动，军旅多虞，及臣之生，计不先定，至于他日，事或难期。"但仍不许。到了他快死的时候，便叮嘱他的儿子，三天就装殓起来，一装殓起来，就马上走。果然在他装殓好了，离开开封的第四天，兵就叛乱了，把新的宣武军节度使陆长源等也杀了。董晋之老成谋国和判断事情的明哲，在这最后一幕还可见之。

关于汴州之乱，韩愈有诗咏道："汴州城门朝不开，天狗堕地声如雷。健儿争夸杀留后（陆长源），连屋累栋烧成灰。诸侯咫尺不能救，孤士何者自兴衰。"又一首道："母从子走者为谁？大夫夫人留后儿。昨日乘车骑大马，坐者起趋乘者下。庙堂不肯用干戈，呜呼奈汝母子何！"后两句是责备朝廷的姑息的。

韩愈本来跟着董晋的灵柩到了洛阳，这时听说汴州乱了，便转回来。他这时已经结了婚，妻子还留在开封，女孩也还在吃奶，他焦急万状，幸好路上得知她们已经从开封坐船逃难到徐州了。

他于是也赶到了徐州。那时所走的路线是：先到了孟津，又逢到当河阳节度使的李元，被邀入驻扎的地方沁县休息了一日，渡过汜水（成皋县），经过杞县，到了二月底，到达徐州的南界。他在《此日足可惜赠张籍》一诗里，有一段是记述这一次的行役的：

……

闻子高第日，正从相公丧；

哀情逢吉语，惝恍难为双。

暮宿偃师西，徒展转在床；

夜闻汴州乱，绕壁行彷徨。

我时留妻子，仓卒不及将；

相见不复期，零落甘所丁。

骄女未绝乳，念之不能忘；

忽如在我所，耳若闻啼声。

中途安得返，一日不可更；

俄有东来说，我家免罹殃。

乘船下汴水，东去趋彭城；

从丧朝至洛，还走不及停。

假道经盟津，出入行涧冈；

日西入军门，羸马颠且僵。

主人愿少留，延入陈壶觞；

卑贱不敢辞，忽忽心如狂。

饮食岂知味，丝竹徒轰轰；
平明脱身去，决若惊凫翔。
黄昏次汜水，欲过无舟航；
号呼久乃至，夜济十里黄。
中流上滩潭，沙水不可详；
惊波暗合沓，星宿争翻芒。
辕马蹢躅鸣，左右泣仆童；
甲午憩时门，临泉窥斗龙。
东南出陈许，陂泽平茫茫；
道边草木花，红紫相低昂。
百里不逢人，角角雄雉鸣；
行行二月暮，乃及徐南疆。
……

这时在徐州的节度使是张建封。照韩愈《与孟东野书》上说："去年春，脱汴州之乱，幸不死，无所于归，遂来于此，主人与吾有故。哀其穷，居吾于符离睢上（现在安徽宿县[1]之地）。"似乎张建封是他的老朋友，但什么时候认识的，我们却不知道了。

在这里，到了秋天，他就不耐烦了，想要离去。张建封便把他奏为节度推官，他只好留下了。当时张籍去看他，不久又告别，所以他作有《此日足可惜赠张籍》。张籍是孟郊所称道给韩愈过的，他在汴州的时候，又经过韩愈的手，考中为进士。韩愈

① 现为安徽宿州。——编者注

在诗里说:“孔丘殁已远，仁义路久荒。纷纷百家起，诡怪相披猖。”对于张籍是颇有所期待的。诗末则说到自己的生活，一般朋友的情况，并勉以发愤上进:

……

仆射南阳公（即张建封），宅我睢水阳；

箧中有余衣，盎中有余粮。

闭门读书史，窗户忽已凉；

日念子来游，子岂知我情?

别离未为久，辛苦多所经；

对食每不饱，共言无倦听。

连延三十日，晨坐达五更；

我友二三子，宦游在西京。

东野窥禹穴，李翱观涛江；

萧条千万里，会合安可逢?

淮之水舒舒，楚山直丛丛；

子又舍我去，我怀焉所穷!

男儿不再壮，百岁如风狂；

高爵尚可求，无为守一乡。

东野即孟郊，李翱即李习之，这都是韩愈十分要好的友人，在这里，我们看到十分温暖的友情。这“闭门读书史”的生涯，貌似冷静，但实际仍没忘了“高爵尚可求”的壮志呢!古诗中原有“何不策高足，先据要路津?无为守贫贱，坎坷长苦辛”，用意正和这相同。因为真切，所以令人并不觉得鄙近，反而觉得生气盎然！这也很可以给装腔作势、以文字为游戏的人一种反省了！

韩愈刚刚受了节度推官的任命，因为有“自九月至明年二月之终，皆晨入夜归，非有疾病事故，辄不许出”的禁条，他很不以为然，于是有《上张建封仆射书》，其中有这样的话：

> ……古人有言曰：人各有能、有不能。若此者，非愈之所能也。抑而行之，必发狂疾。……凡执事之择于愈者，非为其能晨入夜归也，必将有以取之；苟有以取之，虽不晨入而夜归，其所取者犹在也。下之事上，不一其事；上之使下，不一其事，量力而任之，度才而处之，其所不能，不强使为。是故为下者不获罪于上，为上者不得怨于下矣。……今之时，与孟子之时又加远矣，皆好其闻命而奔走者，不好其直己而行道者。闻命而奔走者，好利者也；直己而行道者，好义者也。……若使随行而入，逐队而趋，言不敢尽其诚，道有所屈于己。天下之人，闻执事之于愈如此，皆曰：执事之用韩愈，哀其穷，收之而已耳。韩愈之事执事，不以道，利之而已耳。苟如是，虽日受千金之赐，一岁九迁其官，感恩则有之矣，将以称于天下曰知己知己，则未也。……

文人本来是不能拘束的，善于用人的人，最好是“其所不能，不强使为”，否则真正的人才一定不能来，来的一定是逢迎无耻之徒了。韩愈无所不言的态度，是对的，但同时也可看出他在这里的委屈了。

这时大概是李翱有信劝他离开这里到京城去的吧，于是勾起了他一大顿牢骚，使他又构成了《与李翱书》的一篇杰作，他先说明因生活穷困之故而不能离去：

> ……仆之家，本穷空，重遇攻劫，衣服无所得，养生之具无所有；家累仅三十口，携此将安所归托乎？舍之入京，不可也，挈之而行，不可也。……足下谓我入京城有所益乎？仆之所有，子犹有不知者，时人能知我哉！持仆所守，驱而使奔走伺候公卿间，开口论议，其安能有以合乎？……

下面就说到倘提及从前在京城的苦况，就更寒心，而京城的知遇也太渺茫了。至于现在这地方，他原也不满意：

> ……仆于此，岂以为大相知乎？累累随行，役役逐队，饥而食，饱而嬉者也。其所以止而不去者，以其心诚有爱于仆也。然所爱于我者少，不知我者犹多，吾岂乐于此乎哉？将亦有所病而求有息于此也……

生活的困窘，他真切地感觉到了，他悟到“回也不改其乐”究竟还在有箪食和瓢饮：

……孔子称颜回一箪食、一瓢饮，人不堪其忧，回也不改其乐。彼人者，有圣者为之依归，而又有箪食、瓢饮足以不死，其不忧而乐也，岂不易哉！若仆无所依归，无箪食，无瓢饮，无所取资，则饿而死，其不亦难乎！……

这话够沉痛了！

一〇　再度西上

然而谁知道，就在这一年的冬天，他就真正得到了一个到京城的机会了，这就是张建封派他到京师去朝觐。

他在京师逢到了一同考取进士的欧阳詹，欧阳詹也是从前梁肃所推荐给陆贽的八人之一。这时欧阳詹是国子监四门助教。欧阳詹见韩愈来了，便率领着那一班学生，向朝廷请求任命韩愈为博士（相当于现在国立大学的教授）。这事虽没成功，但颇见出韩愈在友辈中的信望，以及欧阳詹的热心和胸襟。助教比博士本差着几个阶级，但欧阳詹并不忌妒，却情愿为韩愈奔走着，这是很难得的！

韩愈在第二年的春天，回到徐州了。这时他三十三岁。他忧念着去年讨伐吴少诚的干戈和水灾，以及前年京师中的饥荒，自己又苦于没有进言的机会，在徐州更加不如意了，因而作《归彭城》：

天下兵又动，太平竟何时？

讦谟者谁子，无乃失所宜。

前年关中旱，闾井多死饥；
去岁东郡水，生民为流尸。
上天不虚应，祸福各有随；
我欲进短策，无由至彤墀。
刳肝以为纸，沥血以书辞；
上言陈尧舜，下言引龙夔。
言词多感激，文字少葳蕤；
一读已自怪，再寻良自疑。
食芹虽云美，献御固已痴；
缄封在骨髓，耿耿空自奇。
昨者到京师，屡陪高车驰；
周行多俊异，议论无瑕疵。
见待颇异礼，未能去毛皮；
到口不敢吐，徐徐俟其巇。
归来戎马间，惊顾似羁雌；
连日或不语，终朝见相欺。
乘闲辄骑马，茫茫诣空陂；
遇酒即酩酊，君知我为谁。

在这一年的三月，他有《与孟东野书》，说本是去年秋天就想离开的，现在决定今年秋天一定走掉。这信里有真挚的友情，值得我们欣赏：

与足下别久矣！以吾心之思足下，知足下悬悬于吾也。各以事牵，不可合并。其于人人，非足下之为见，而日与之处，足下知吾心乐否也。吾言之而听者谁欤？吾唱之而和者谁欤？言无听也，唱无和也，独行而无徒也，是非无所与同也，足下知吾心乐否也。足下才高气清，行古道，处今世，无田而衣食，事亲左右无违，足下之用心勤矣！足下之处身，劳且苦矣！混混与世相浊，独其心追古人而从之。足下之道，其使吾悲也！去年春，脱汴州之乱，幸不死，无所于归，遂来于此。主人与吾有故。哀其穷，居吾于符离睢上，及秋将辞去，因被留以职事。默默在此，行一年矣！到今年秋，聊复辞去。江湖，余乐也；与足下终幸矣。李习之娶吾亡兄之女，期在后月，朝夕当来此。张籍在和州居丧，家甚贫，恐足下不知，故具此白，冀足下一来相视也。自彼至此虽远，要皆舟行可至，速图之，吾之望也。春且尽，时气向热，惟侍奉吉庆。愈眼疾比剧，甚无聊，不复一一。愈再拜。

孟郊、张籍、李翱，永远是韩愈所常提在一起的。韩愈的情感很丰富，尤笃于友道。像这种流露他真面目的书札，比一般谀墓之作，高去万万。让人见了，简直像看到王羲之的片纸只字那样风流可爱！

信中虽说“及秋将辞去”，可是并没到了秋天，就在五月十四日以前，他已经离开徐州了。我们所以知道他离开徐州的时日者，是因为在五月十四日，他已经有在下邳题的李平之壁：

余始得李生于河中，今相遇于下邳，自始及今，十四年矣。始相见，吾与之皆未冠，未通人事，追思多有可笑者，与生皆然也。今者相遇，皆有妻子；昔时无度量之心，宁复可有？是生之为交，何其近古人也！是来也，余黜于徐州，将西居于洛阳。泛舟于清冷池，泊于文雅台下。西望商丘，东望修竹园；入微子庙，求邹阳、枚叔、司马相如之故文，久立于庙陛间，悲雅颂之不作于是者已久。陇西李翱、太原王涯、上谷侯喜，实同与焉。贞元十六年五月十四日昌黎韩愈书。

李平是韩愈十几岁时的友人，当是在到京师以前所结识的。所谓清冷池、文雅台、修竹园、微子庙，都在睢阳，在从前即是梁孝王的都城，在现在是商丘以南的地方。从本文看，知道他的结婚在十几岁到三十二岁之间，他说黜于徐州，似乎是被动出走，原因大概不外“发言真率，无所畏避”吧。他走了后，张建封也死了，徐州也乱起来了。

他的目的地是洛阳。到了洛阳后，他的友人卫中行（字大受），高兴他两次脱祸，曾给他信，于是他作了书答报，并以儒家立场，说明穷通的道理：

大受足下：辱书为赐甚大，然所称道过盛，岂所谓诱之而欲其至于是欤？不敢当！不敢当！其中择其一二近似者而窃取之，则于交友忠而不反于背面者，少似近焉。亦其心之所好耳！行之不倦，则未敢自谓能尔也。

不敢当！不敢当！至于汲汲于富贵，以救世为事者，皆圣贤之事业，知其智能谋、其力能任者也。如愈者，又焉能之？始相识时，方甚贫，衣食于人；其后相见于汴、徐二州，仆皆为之从事，日月有所入，比之前时，丰约百倍，足下视吾饮食衣服，亦有异乎？然则仆之心，或不为此汲汲也。其所不忘于仕进者，亦将小行乎其志耳。此未易遽言也。凡祸福吉凶之来，似不在我。惟君子得祸为不幸，而小人得祸为恒，君子得福为恒，而小人得福为幸，以其所为，似有以取之也。必曰君子则吉、小人则凶者，不可也。贤不肖，存乎己；贵与贱，祸与福，存乎天；名声之善恶，存乎人。存乎己者，吾将勉之；存乎天、存乎人者，吾将任彼而不用吾力焉。其所守者，岂不约而易行哉！足下曰：命之穷通，自我为之。吾恐未合于道。足下征前世而言之，则知矣。若曰以道德为己任，穷通之来，不接吾心，则可也。穷居荒凉，草树茂密，出无驴马，因与人绝。一室之内，有以自娱。足下喜吾复脱祸乱，不当安安而居、迟迟而来也。

从这信里，也可看出韩愈自信的长处及友辈的推许，都在交友忠诚上。同时他物质生活之简约，以及浸润于儒家教养者之深，也都流露在这里了。

在这年的冬天，他到了京师。

可是韩愈这一次到京，仍没有什么成就。因为不得意，所以不久就又出京了。那失望的情绪，就表现在《将归赠孟东野房蜀客》一诗里：

君门不可入，势利互相推；
借问读书客，胡为在京师？
举头未能对，闭眼聊自思；
倏忽十六年，终朝苦寒饥。
宦途竟寥落，鬓发坐差池；
颍水清且寂，箕山坦而夷。
如今便当去，咄咄无自疑。

这里所说的那样幽境，就是指他的河南家乡。和这同一情绪的，是同时作的《送李愿归盘谷序》。从前我读此文时，不晓得他为什么把“大丈夫之遇知于天子，用力于当世者之所为也”和“大丈夫不遇于时者之所为也”两相对照，一则认为“吾非恶此而逃之，是有命焉，不可幸而致也”；一则认为“我则行之”。虽托为李愿之言，自己究竟也要有同感的吧。现在晓得他作的时日以及此时的心情，就一点也不奇怪了。他所谓“穷居而野处，升高而望远，坐茂树以终日，濯清泉以自洁。采于山，美可茹；钓于水，鲜可食”，还不是上面诗中所谓“颍水清且寂，箕山坦而夷”的向往么？原来盘谷也是河南黄河以北，邻近沁阳，即济原县[1]地。和韩愈要归去的地方近在咫尺，当然他要“膏吾车兮秣吾马；从子于盘兮，终吾生以徜徉”了！传说这篇文字被苏东坡

① 现为济源市。——编者注

看见，曾说："欧阳公言晋无文章，惟陶渊明《归去来辞》而已。余谓唐无文章，惟韩退之《送李愿归盘谷序》而已。平生欲效此作，每执笔辄罢，因自笑曰：不若且放教退之独步！"这话也许有些过，但我觉得韩愈这篇文章的好处乃在把骈文吸收入古文之中，而且后面所系的歌词，使全文顿然有一种光彩，便化呆板为典丽堂皇了（原文见附录九）。

韩愈虽然不得意地归去了，但他哪里是纯粹甘于寂寞的人？我们当然不能说他之要出京归家是作伪，然而同样真实的，却是他不能在家里寂寞下去。因而在这年的冬天，就又到京师了。

一一　四门博士

这回却好，是第二年（即贞元十八年，公元八〇二年，韩愈时年三十五岁）春天，他成了四门博士了。三年前欧阳詹等的请求，竟像是一个预兆了！

所谓博士，并不是一个学位，乃是一种官职，它的职务是讲学，用现在的话来讲，就是他在三十五岁的时候，第一次做了设在京城郊外的国立大学的教授，他的官职后来虽有不少的变换，但最常挂在他身上的，却还就是"教授"了——学者的出路，将还是做教书匠而已。

这次他略微得意了，受命为博士之日，谒告归洛。在途中和友人登华山，曾有很浪漫的一幕。原来他因为贪看风景，便跑到绝顶，但看看下不来了，又大哭起来，并且和家人写下了遗书。后来华阴县令听说了，才百般设法把他接下来。这事也颇有人认为是传说，但我觉得可能为实事的。因为韩愈的性格中，本有大部分浪漫气息。再证之以后来《答张彻》的诗：

……

洛邑得休告，华山穷绝陉；

倚岩睨海浪，引袖拂天星。

日驾此回辖，金神所司刑（华山之神少昊，即金神）；

泉绅拖修白，石剑攒高青。

磴藓澾拳跼，梯飙飐伶俜；

悔狂已咋指，垂诫仍镌铭。

……

留遗嘱虽不见得，但告诫后人是一定有的，由华阴县令接下来也未必真，但下来一定相当困难。韩愈在文中喜欢造奇句，在诗中爱用险韵，在大自然里岂能放过华山的奇景？我尝觉得泰山是雄，崂山是秀，华山就是奇了，韩愈所形容的“倚岩睨海浪，引袖拂天星”，“泉绅拖修白，石剑攒高青”，“磴藓澾拳跼，梯飙飐伶俜”，游过华山的人一定会觉得再恰当也没有了。

在洛阳未必休居多久，就又回到京师长安了。

这一年，他的作品有《送陆歙州诗序》《上巳日燕太学听弹琴诗序》《与崔群书》《施先生墓铭》《唐故赠绛州刺史马府君行状》等。在这数文中，《送陆歙州诗序》最少可观；《施先生墓铭》是记一个在大学里服务十九年的老教授施士丐的生平；《唐故赠绛州刺史马府君行状》记的是北平庄武王马燧之长子马汇。他从前应考进士时，因为十分穷困，曾在他家里住过吃过很久，所以现在文中有“愈既世通家，详闻其世系事业”的话。《上巳日燕太学听弹琴诗序》虽也是应酬之作，但非常闲暇雍容，下面单举一段：

> ……樽俎既陈，肴羞惟时。盏斝序行，献酬有容。歌风雅之古辞，斥夷狄之新声。褒衣危冠，与与如也。有儒一生，魁然其形；抱琴而来，历阶以升。坐于樽俎之南，鼓有虞氏之南风，赓之以文王、宣父之操；优游夷愉，广厚高明。追三代之遗音，想舞雩之咏叹。及暮而退，皆充然若有得也。……

我们惊讶的是韩愈风格之丰富，简直像司马迁！他的笔是有可塑性的，随着内容的不同而异其笔调！至于《与崔群书》一文，那又是他所擅长的抒情之作，郁勃淋漓，真气盎然，信笔所书，已非凡品了。崔群也是和韩愈同时考取的进士，那次所谓“龙虎榜”上的人物。书中说到韩愈一般的友谊生活：

> ……仆自少至今，从事于往还朋友间，一十七年矣。日月不为不久，所与交往相识者千百人，非不多，其相与如骨肉兄弟者，亦且不少，或以事同，或以艺取，或慕其一善，或以其久故。或初不甚知，而与之已密，其后无大恶，因而不复决舍。或其人虽不皆入于善，而于已已厚，虽欲悔之不可。凡诸浅者固不足道，深者止如此。……

可知韩愈永远是有群的生活的人。所以他能有号召，能成派，再加上煽动的笔锋、雄辩的词令，古文运动之成功于韩愈之手，不是偶然的。他写这信的时候三十五岁，所谓往还朋友间十七年，就是指十九岁初至京师时便开始他的友谊生活了。这十七年间已认识千百人，确不算少。其中所谓“初不甚知，而与之已密，其后无大恶，因而不复决舍”，以及“于己已厚，虽欲悔之不可”，都可见出韩愈对待友人的笃厚。有的诗人爱孤寂，有的诗人好群，韩愈却是后者，他之处处为入世的，在这里又可看出一点消息了。

这封信的下半，为怕崔君以为他太爱交友，不置黑白于胸中，便特别说明对于崔君的认识。最后则是说到自己的健康，以及自己对于北国的留恋：

……仆无以自全活者，从一官于此，转困穷甚，思自放于伊颍之上，当亦终得之。近者尤衰惫，左车第二牙，无故动摇脱去，目视昏花，寻常间便不分人颜色。两鬓半白，头发五分亦白，其须亦有一茎两茎白者。仆家不幸，诸父诸兄皆康强早世，如仆者，又可以图于久长哉！以此忽忽，思与足下相见，一道其怀。小儿女满前，能不顾念，足下何由得归北来？仆不乐江南，官满便终老嵩下；足下可相就，仆不可去矣。珍重自爱，慎饮食，少思虑，惟此之望！愈再拜。

韩愈是北方之强，文章中时有雄直之气，也恰是这种精神的表现，他之不乐江南，是当然的。很奇怪的是，一人的精神每每并不与体质相并行，他在前三年与孟东野的信上已经说起“眼疾比剧”了，现在却在眼疾外，又加上牙落须白，哪里像正在壮年，又哪里像写气势磅礴的文章的大作手呢？

一二 《送孟东野序》

在当四门博士的第二年，韩愈的朋友杨凝死了，这是他在洛阳董晋幕中的同事，加上前一年四月，陆参又死了，陆参就是他在前年二月十八日还作过《送陆歙州诗序》的陆歙州，他曾向陆参荐过侯喜的，于是这时便作了一首一并哭他们两个的诗：

人皆期七十，才半岂蹉跎？
并出知己泪，自然白发多。
晨兴为谁恸？还坐久滂沱；
论文与晤语，已矣可如何？

因为他这一年三十六岁，所以说七十才半。

他又作有《送孟东野序》，这是一篇文学批评史上的重要文献，不能不录：

大凡物不得其平则鸣，草木之无声，风挠之鸣。水之无声，风荡之鸣。其跃也或激之，其趋也或梗之，其沸也或炙之。金石之无声，或击之鸣。人之于言也亦然。有不得已者而后言，其歌也有思，其哭也有怀。凡出乎口而为声者，其皆有弗平者乎？乐也者，郁于中而泄于外者也。择其善鸣者而假之鸣，金、石、丝、竹、匏、土、革、木八者，物之善鸣者也。维天之于时也亦然。择其善鸣者而假之鸣，是故以鸟鸣春，以雷鸣夏，以虫鸣秋，以风鸣冬。四时之相推敚，其必有不得其平者乎？其于人也亦然。人声之精者为言，文辞之于言，又其精也，尤择其善鸣者而假之鸣。其在唐、虞，咎陶、禹，其善鸣者也，而假以鸣。夔弗能以文辞鸣，又自假于韶以鸣。夏之时，五子以其歌鸣，伊尹鸣殷，周公鸣周。凡载于《诗》《书》六艺，皆鸣之善者也。周之衰，孔子之徒鸣之，其声大而远。传曰：天将以夫子为木铎。其弗信矣乎！其末也，庄周以其荒唐之辞鸣。楚，大国也；其亡也，以屈原鸣。臧孙辰、孟轲、荀卿，以道鸣者也。杨朱、墨翟、管夷吾、晏婴、老聃、申不害、韩非、慎到、田骈、邹衍、尸佼、孙武、张仪、苏秦之属，皆以其术鸣。秦之兴，李斯鸣之。汉之时，司马迁、相如、扬雄，最其善鸣者也。其下魏、晋氏，鸣者不及于古，然亦未尝绝也。就其善者，其声清以浮，其节数以急，其辞淫以哀，其志弛以肆。其为言也，乱杂而无章，将天丑其德，莫之顾邪？何为乎不鸣其善鸣者也？唐之有天下，陈子昂、苏源明、元结、李白、杜甫、李观，皆以其所能鸣。其存而在下者，孟郊东野，始以其诗鸣。其高出魏、晋，不懈而及于古，其他浸淫乎汉氏矣。从吾游者，李翱、张籍其尤也。三子者之鸣，信善矣。抑不知天将和其声，而使鸣国家之盛耶？抑将穷饿其身，思愁其心肠，而使自鸣其不幸耶？三子者之命，则悬乎天矣。其在上也奚以喜？其在下也奚以悲？东野之役于江南也，有若不释然者，故吾道其命于天者以解之。

东野为溧阳尉，溧阳在江苏南部，靠近宜兴。韩愈这文本是安慰朋友的，然而我们觉得其中的意义却实在丰富极了！这不啻是用“不平则鸣”的观点所看的一部上古文学史，其中对六朝的看法，可以认为是古文派对他们的正式交锋。往远处说，也许韩愈这意见就是司马迁发愤著书说的继承。然而我们觉得在这里已有了长足的进步：一是司马迁只限于说人，没有扩大到自然，现在韩愈这一说法才构成了一种形而上学的根据；二是司马迁所谓发愤著书，并没有在负荷这种使命上有明确的选择之意，韩愈则认为必须择其善鸣者而使之鸣，这包括“才”，所以夔就不能以文辞鸣；又包括“德”，所以魏、晋就“乱杂而无章”。择善而鸣，这就是天才为时代的象征之说；或鸣国家之盛，或自鸣其不幸，都认为悬乎天，则是创作家之反映时代为被动之说，至于人声之精者为言，言之精者为文辞，尤其合乎现代对语文的看法。本文之超特峭宕，是更不用说了。它是一篇好批评文字，也是一篇好文艺创作。

在同年作的《与陈给事书》中，曾提到“送孟郊序一首，生纸写，不加装饰”，可知他是很爱此文的，所以急于呈给人看了。书中又有“道不加修，而文日益有名”语，前者自然是谦词，后者却怕是实况。他现在已走入成熟的路途中了。

就在这一年的正月到五月，因为关中缺雨，德宗曾下令停止礼部和吏部的考试，韩愈为人才计，曾上疏力争。他说连考生和考生所带的童仆算上，不过当京师人口百分之一，绝不当因为粮食恐慌而罢举选，至于其他的害处却可使远近惊惶，人士失业；假若讲迷信，则人之失职，更足以致旱了。最后他说：“以臣之愚，以为宜求纯信之士，骨鲠之臣，忧国如家，忘身奉上者，超其爵位，置在左右；如殷高宗之用傅说，周文王之举太公，齐桓公之拔宁戚，汉武帝之取公孙弘。清闲之余，时赐召问，必能辅宣王化，销殄旱灾。”我们不晓得这疏上去以后当时有无反响，但知道在次年，却终于把贡举停了！《子产不毁乡校颂》当为此时作。

这时不知为什么，韩愈的四门博士官忽然被罢了。后来又不知为什么又迁为监察御史。在青黄不接的中间，有《上李尚书书》，李是李实。其中说李实“赤心事上，忧国如家”，末后又以文章十五篇，为谒见之资。不用说，这是因为求差事，不免恭维几句的。后来韩愈撰《顺宗实录》，曾说李实“恃宠强愎，不顾文法，是时春夏旱，京畿乏食，实一不以介意，方务聚敛征求，以给进奉。每奏对，辄曰：‘今年虽旱，而谷甚好。’由是租税皆不免。人穷至坏屋卖瓦木，贷麦苗以应官。……陵轹公卿已下，随喜怒诬奏迁黜，朝廷畏忌之。尝有诏免畿内逋租，实不行用诏书，征之如初。勇于杀害，人吏不聊生。至谴，市里欢呼，皆袖瓦砾遮道伺之，实由间道获免”。这恐怕才是李实的真面目，和信上所谀，判若两人。这自然是因为真正著述与应用书信的不同而然，可是韩愈往往因耐不住贫贱，就枉尺直寻，虽于整个人格无损，但不免为人所讥了。

在贞元十九年七月，他犹任博士之职，这是由《论今年权停举选状》可以推知的。他的失官恐怕也没有多久。因为他迁为监察御史后，还在继续上疏，论天旱人饥呢。他为人民的疾苦呼吁着，说应该免税：

> ……上恩虽弘，下困犹甚。至闻有弃子逐妻，以求口食；拆屋伐树，以纳税钱；寒馁道涂，毙踣沟壑。有者皆已输纳，无者徒被追征。臣愚以为此皆群臣之所未言，陛下之所未知者也。……况此无辜之人，岂有知而不救？又京师者，四方之腹心，国家之根本，其百姓实宜倍加忧恤。今瑞雪频降，来年必丰，急之则得少而人伤，缓之则事存而利远。伏乞特敕京兆府，应今年税钱及草粟等在百姓腹内（应纳而未纳的意思）征未得者，并且停征。容至来年蚕麦，庶得少有存立。臣至陋至愚，无所知识，受恩思效，有见辄言。……

一片恻隐之心，跃然在纸上。韩愈虽每急于求官，为人诟病，但是他得官之后，却总是不计得失，做些事情，这也就够令人敬爱的了。然而这回上疏，不唯未被采纳，反而贬了官。中间作梗的人，也许就是李实等。上次的上书，说不定也是早晓得李实之险诈，不得不敷衍或疏通一下。

一三　阳山之贬

韩愈这一次被贬，是贬到阳山，阳山在广东的西北部，靠近广西。这乃是他生平第二次到广东。

当时和韩愈一同上疏的，还有张署。后来韩愈在《祭河南张员外文》（即祭张署文）中，曾说："贞元十九，君为御史。余以无能，同诏并峙。君德浑刚，标高揭己。有不吾如，唾犹泥滓。余戆而狂，年未三纪。乘气加人，无挟自持。彼婉娈者，实惮吾曹。侧肩帖耳，有舌如刀。我落阳山，以尹鼯猱。君飘临武，山林之牢。"一个贬在阳山，一个贬在临武。临武在湖南省的最南部。这就是他们仗义执言的代价！所谓"彼婉娈者"，注家大半说是指李实。像李实这种小人，避也不行，捧也不行，到底吃了他的亏了。

韩愈被贬的原因，是不是只因为上疏免租，为小人所借口呢？似乎还不止此。照旧的史文讲，他的被贬是因为上疏论宫市。宫市就是宫中开设的商店，宦官购物，挑剔赊欠，往往使人不堪其扰。韩愈大概是论宫市的设立之不当的吧，据说德宗大怒，所以把韩愈贬为阳山令了。然而这论宫市的疏是不传了，我们也不晓得他措词激烈到什么地步了。

假若依他后来作的《赴江陵途中寄赠王二十补阙李十一拾遗李二十六员外三学士》诗看，则：

……

或自疑上疏，上疏岂其由？

是年京师旱，田亩少所收。

上怜民无食，征赋半已休；

有司恤经费，未免烦征求。

富者既云急，贫者固已流；

传闻闾里间，赤子弃渠沟。

持男易斗粟，掉臂莫肯酬；

我时出衢路，饿者何其稠。

亲逢道边死，伫立久咿嚘；

归舍不能食，有如鱼中钩。

适会除御史，诚当得言秋；

拜疏移阁门，为忠宁自谋？

上陈人疾苦，无令绝其喉；

下陈畿甸内，根本理宜优。

积雪验丰熟，幸宽待蚕麰；

天子恻然感，司空叹绸缪。

谓言即施设，乃返迁炎州；

同官尽才俊，偏善柳与刘。

或虑语言泄，传之落冤仇；

二子不宜尔，将疑断还不。

……

中间所说，与“御史台上论天旱人饥状”完全符合，问题乃在“同官尽才俊，偏善柳与刘。或虑语言泄，传之落冤仇”上。柳是柳宗元，刘是刘禹锡。他们未尝不是韩愈的好朋友，然而这时因为政治上的分化，却和韩愈立在敌对的地位。原来在德宗末年，王叔文等已经得势，他们准备后来把持政权，曾团结韦执谊、陆质、吕温、李景俭、韩晔、韩泰、陈谏、刘禹锡、柳宗元等十余人，结为死党。刘禹锡、柳宗元这时都在三十岁左右，比韩愈还年轻，恰也是锐意进取的时候，所以便被王叔文所罗致了。照我们现在公平地看，唐时的政治在这时已有士人与宦官的对立，王叔文等是要夺取宦官的权势的，到后来（永贞元年，公元八〇五年，时韩愈年三十八岁）令范希朝、韩泰总统京西诸城镇行营兵马，就是一个具体的表现，但却卒被宦官打倒，宪宗由宦官俱文珍等而拥立，刘禹锡、柳宗元等便也随而败退了，韩愈却是俱文珍一派，他在三十岁居汴时即有《送汴州监军俱文珍序》，因为这种政治党派的分野，所以韩愈在王叔文、刘禹锡、柳宗元等得势时便被贬了。

韩愈更在《忆昨行和张十一》一诗中说“伾文未揃崖州炽，虽得赦宥恒愁猜”，伾是王伾，文是王叔文，崖州即韦执谊，这次之贬，是受他们的唆使，越发可了然了。至于两派的是非，我们现在也很难轻易判定，因为王叔文的为人虽狭小奸诈，但未必不是想革除宦官的把持；反之，宦官一派，也未必不是要维持中央威权。其中为我们所不知道的内幕还太多，我们现在只能说韩愈这次被贬是政党的原因居多，虽是好友如刘禹锡、柳宗元也在敌对的阵线之中，便够了。因为是政争，所以说“上疏岂其由”了。

然而无论如何，韩愈的被贬是冤枉的，惩罚与过失并不相当，况且也根本说不上过失！因此他在《岳阳楼别窦司直》一诗中说：

……

爱才不择行，触事得谗谤。

前年出官由，此祸最无妄。

公卿采虚名，擢拜识天仗。

奸猜畏弹射，斥逐姿欺诳。

……

他被斥逐的时候是在贞元十九年（公元八〇三年，三十六岁）的冬天。当时的情况以及到阳山后的感应，是见之于《赴江陵途中寄赠王二十补阙李十一拾遗李二十六员外三学士》诗的中段：

……

中使临门遣，顷刻不得留；

病妹卧床褥，分知隔明幽。

悲啼乞就别，百请不颔头；

弱妻抱稚子，出拜忘惭羞。
僶俛不回顾，行行诣连州；
朝为青云士，暮作白首囚。
商山季冬月，冰冻绝行辀；
春风洞庭浪，出没惊孤舟。
逾岭到所任，低颜奉君侯；
酸寒何足道？随事生疮疣。
远地触途异，吏民似猿猴；
生狞多忿狠，辞舌纷嘲啁。
白日屋檐下，双鸣斗鸺鹠；
有蛇类两首，有虫群飞游。
穷冬或摇扇，盛夏或重裘；
飓起最可畏，訇哮簸陵丘。
雷霆助光怪，气象难比侔；
疠疫忽潜遘，十家无一瘳。
猜嫌动置毒，对案辄怀愁！
……

广东在那时还没十分开化，所以说来森森然！从这诗中所说，知道他是第二年春天到了阳山的。《祭河南张员外文》（原文见附录一〇）中一段，也是叙他途中的经历的：

……岁弊寒凶，雪虐风饕。颠于马下，我泗君咷。

夜息南山，同卧一席。守隶防夫，觝顶交跖。洞庭漫汗，粘天无壁。风涛相豗，中作霹雳。追程盲进，帆船箭激。南上湘水，屈氏所沉。二妃行迷，泪踪染林。山哀浦思，鸟兽叫音。余唱君和，百篇在吟。君止于县，我又南逾。把盏相饮，后期有无？期宿界上，一夕相语。……

张员外即张署，他们同时被贬，张署贬在湖南南部的临武，所以说：“君止于县，我又南逾。”他们只同了一段的路程而已。

在实际生活上的失意，却往往是在创作方面有丰富的收获的好机会。韩愈这一次阳山之贬，无论在路上或到阳山后，都有很多佳作。如《湘中》：

猿愁鱼踊水翻波，自古流传是汨罗；
蘋藻满盘无处奠，空闻渔父叩舷歌。

正是上文所谓“南上湘水，屈氏所沉”的情调。如《贞女峡》：

江盘峡束春湍豪，雷风战斗鱼龙逃；
悬流轰轰射水府，一泻百里翻云涛。
漂船摆石万瓦裂，咫尺性命轻鸿毛！

就是到了湖南南部桂阳县时所见的风光。快到阳山县了，则有《同冠峡》二首，其一是：

今日是何朝？天晴物色饶；
落英千尺堕，游丝百丈飘。
泄乳交岩脉，悬流揭浪标；
无心思岭北，猿鸟莫相撩。

其二是：

南方二月半，春物亦已少；
维舟山水间，晨坐听百鸟。
宿云尚含姿，朝日忽升晓；
羁旅感和鸣，囚拘念轻矫。
潺湲泪久迸，诘曲思增绕；
行矣且无然，盖棺事乃了！

又有《宿龙宫滩》一首：

浩浩复汤汤，滩声抑更扬；
奔流疑激电，惊浪似浮霜。
梦觉灯生晕，宵残雨送凉；
如何连晓语？一半是思乡。

没有一首不是上乘之作。写景有它的幽趣，抒情有它的缠绵。黄庭坚尤其倾倒后一首，曾说："退之裁听水句，尤见工，所谓浩浩汤汤抑更扬者，非客里夜卧，饱闻此声，安能周旋妙处如此耶？”假若不是被贬，哪里会有这样好诗？

韩愈是喜欢有群的生活的，他的人格也是有吸引力的。所以在阳山一安定下来，便立刻获得了一些新的友人，此中大部分是青年。他在《县斋读书》一诗中，一面说他的生活是“青竹时默钓，白云日幽寻”，然而同时却也“诗成有共赋，酒熟无孤斟”。所以他到了阳山后，已经淡薄了怨尤的心情，反而觉得“出宰山水县，读书松桂林。萧条捐末事，邂逅得初心”了！

这些环绕他周围的青年，有刘师命，他作有《闻梨花发赠刘师命》：

> 桃溪惆怅不能过，红艳纷纷落地多！
> 闻道郭西千树雪，欲将君去醉如何？

又有《梨花下赠刘师命》《刘生》等。另外还有一位区册，他作有《送区册序》：

> 阳山，天下之穷处也。陆有丘陵之险，虎豹之虞。江流悍急，横波之石，廉利侔剑戟。舟上下失势，破碎沦溺者，往往有之。县郭无居民，官无丞尉，夹江荒茅篁竹之间，小吏十余家，皆鸟言夷面；始至，言语不通，画地为字，然后可告以出租赋，奉期约，是以宾客游从之士，无所为而至。愈待罪于斯，且半岁矣！有区生者，誓言相好，自南海挐舟而来。升自宾阶，仪观甚伟，坐

与之语，文义卓然。庄周云："逃空虚者，闻人足音跫然而喜矣。"况如斯人者，岂易得哉。入吾室，闻诗书仁义之说，欣然喜，若有志于其间也。与之翳嘉林，坐石矶，投竿而渔，陶然以乐。若能遗外声利，而不厌乎贫贱也！岁之初吉，归拜其亲，酒壶既倾，序以识别。

就文中所说看，区生恐怕是平平的，只因上半故意形容贬地的蛮陋，便把区生衬成一个可亲敬的人物了。此篇文字极幽峻，方望溪、张廉卿等都一致认为是逼近柳柳州的一种文境。刘海峰说："昌黎阳山后，文字尤为高古。"实际生活的不幸正是这样作育一个文人！大抵所谓古文运动，约可分为四期：一是古文运动前期，即孟子、司马迁一般人业已作着古文而不意识到是古文的时代；二是古文运动初期，即韩愈等有意识地倡导，并确立古文运动的基础的时代；三是古文运动盛期，即欧、苏诸人出，使古文入于定型化的时代；四为古文运动末期，即方、姚等出来，把古文只剩了形式而内容渐就枯萎的时代。曾涤生、张廉卿等对古文的了解虽深彻，然而已是入于鉴赏和批评，古文艺术的本身却已经过去了。无疑地，韩愈在此中是第一把交椅！而他文章的成熟期也就在阳山之贬前后——精力最壮旺的时候！

他这时的交游中，却也有方外之人。很有趣的是，韩愈和他们一方面很有友情，但另一方面在思想上则持鄙夷和敌对的神气。如送"自来连州寺，曾未造城闉"的惠师，即说："吾言子当去，子道非吾遵。江鱼不池活，野鸟难笼驯。吾非西方教，怜子狂且醇。吾嫉惰游者，怜子愚且谆。去矣各异趣，何为浪沾巾！”又如送“战诗谁与敌，浩汗横戈铤。饮酒尽百盏，嘲谐思愈鲜”的灵师，也说：“佛法入中国，尔来六百年。齐民逃赋役，高士著幽禅。官吏不之制，纷纷听其然。耕桑日失隶，朝署时遗贤。”大抵因为韩愈本人是有宗教家的气氛的，凡宗教均有排他性，所以他始终反对佛、老，并不必等到他五十二岁谏迎佛骨时为然了。

他在阳山之所以和一些僧人有着来往，大半是王仲舒的关系。王仲舒这时自户部员外郎贬为连州司户。在《送灵师》一诗中，提到“落落王员外，争迎获其先”。惠师则是元慧，见《燕喜亭记》，其中有“太原王弘中（王仲舒字）在连州，与学佛人景常元慧游”语。

《燕喜亭记》则是一篇很醇郁的散文，中间叙各种丘谷瀑洞的命名很有趣。韩愈这时除了那些诗和这篇记外，还作有《送杨八弟支使归湖南使府序》《答窦存亮秀才书》等。前者无可观，后者则极牢骚，而又极挑动：

> 愈白，愈少驽怯，于他艺能，自度无可努力；又不通时事，而与世多龃龉；念终无以树立，遂发愤笃专于文学。学不得其术，凡所辛苦而仅有之者，皆符于空言而不适于实用，又重以自废。是故学成而道益穷，年老而智愈困。今又以罪黜于朝廷，远宰蛮县。愁忧无聊，瘴疠侵加，惴惴焉无以冀朝夕！足下年少才俊，辞雅而气锐，当朝廷求贤如不及之时，当道者又皆良有司，操数寸之管，书盈尺之纸，高可以钓爵位，循次而进，亦

不失万一于甲科。今乃乘不测之舟，入无人之地，以相从问文章为事，身勤而事左，辞重而请约，非计之得也。虽使古之君子，积道藏德，遁其光而不曜，胶其口而不传者，遇足下之请恳恳，犹将倒廪倾囷，罗列而进也。若愈之愚不肖，又安敢有爱于左右哉？顾足下之能，足以自奋，愈之所有，如前所陈，是以临事愧耻，而不敢答也。钱财不足以贿左右之匮急，文章不足以发足下之事业，稛载而往，垂橐而归，足下谅之而已。愈白。

其中文字整炼处，令人有古意盎然之感。张廉卿批评说：“此文如一笔书，而曲折变化不穷。”他这欣赏，尤为入微，原来这文字像怀素的大草一般，又像好的太极拳似的，完全是潜气内转，为普通作家所难到达的境界。

一四　郴县著书

贬在阳山的韩愈，到了只有一年多，顺宗就即位，改元永贞，和韩愈作对的人王叔文等也倒了，这时他三十八岁。

是永贞元年（公元八〇五年）的春天，韩愈遇赦。到了夏秋之交，离开阳山。这时曾在湖南的南部郴县，待命有三月之久。郴县是他到阳山时所经过的，现在是旧地重游。上次经过时，曾认识这里的刺史李伯康。这次李伯康曾赠以纸笔，乃作诗谢之：

题是临池后，分从起草余；
免尖针莫并，茧净雪难如。
莫怪殷勤谢，虞卿正著书。

这里所谓“虞卿正著书”，到底著的什么呢？我推想恐怕就是可称得起在中国思想史上的重要文献的《原道》《原性》《原毁》《原仁》《原鬼》诸文。这是因为他在《上兵部李侍郎书》中，有“谨献旧文一卷，扶树教道，有所明白”等语，只有《原道》等文可以说是具有这种性质的。此书上于永贞元年十二月九日，所以

《原道》等文不得作于此后。待命于郴州的三月，既无官职，遭逐后精神又已经收敛潜沉，恰是著书的好时候。在他二十九岁时，张籍曾劝他不要只逞口辩而要著书，他当时还不以为然，认为“化当世莫若口”，又说还没到孔子三十而立、四十而不惑的年纪，最好是“请待五六十然后为之”；张籍也不惮烦，曾再加劝勉，他却仍是答以“其为也易，则其传也不远，故余所以不敢也”。但从那时起，他一定受了刺激，要着手论著了。蓄积了这十年左右，所以一等有时间和心情就写出来，也不必管“五六十然后为之”的前言了。

五文之中，《原道》尤其重要。《原道》有《原道》的根本立场，这根本立场是：民族主义和社会本位。因前者，他反对佛，他说：“今也，举夷狄之法，而加之先王之教之上，几何其不胥而为夷也。”因后者，他兼反对老。他一则说：

>……古之为民者四，今之为民者六；古之教者处其一，今之教者处其三；农之家一，而食粟之家六；工之家一，而用器之家六；贾之家一，而资焉之家六；奈之何民不穷且盗也！

这是说社会上的分子就须要生产，不能非工非农非商。二则说：

>……古之时，人之害多矣！有圣人者立，然后教之以相生养之道。为之君，为之师；驱其虫蛇禽兽，而处

之中土；寒，然后为之衣；饥，然后为之食；木处而颠、土处而病也，然后为之宫室；为之工，以赡其器用；为之贾，以通其有无；为之医药，以济其夭死；为之葬埋祭祀，以长其恩爱；为之礼，以次其先后；为之乐，以宣其壹郁；为之政，以率其怠倦；为之刑，以锄其强梗；相欺也，为之符玺斗斛权衡以信之；相夺也，为之城郭甲兵以守之；害至而为之备，患生而为之防。今其言曰：圣人不死，大盗不止，剖斗折衡，而民不争。呜呼！其亦不思而已矣。

这是说社会有社会组织，其中各分子有各分子的分工，为生存起见，所以有必需的生存的方式与生存的事项；也必须这样，人类才能和可以居住寒热的“羽毛鳞介”相竞争，也才能不被有“爪牙以争食”者所淘汰，岂可以“清静寂灭”呢？又如何可以“欲治其心，而外天下国家”呢？韩愈这篇文章的最大价值是说明儒家哲学之社会的根据，是发现人类社会之生存的体系机构。最后更以一种人道主义，以救济病态思想的流行：“鳏寡孤独废疾者有养也，其亦庶乎其可也！”设想不能算不周到。

假若社会本位是中国思想的特色时（事实上确如此），韩愈这篇文字无可厚非，而且也确乎可以当“道统”的重任。这也可以说是接触了异域思想后，对于自己的文化传统之觉醒，并对于自己的文化传统的洗刷。宋明的新儒学运动，无论如何要以这为纪程碑。这样看，我认为它是两千年的中国思想史上的重要文献之一，一点也没有过分。倘若不就大处看，当然不会了解它的价值了（原文见附录一）。

就是单就文章说，论文之中而有唱叹，并兼具整齐与变化之美，不唯是韩愈一人的大文章，也是古文家中数一数二之作。宋朝的石介曾说："孔子之《易》《春秋》，自圣人以来未有也；吏部《原道》《原性》《原毁》《行难》《对禹问》《谏迎佛骨表》《争臣论》，自诸子以来未有也。"也并非过誉。

《原性》也是宋明新儒学的过渡之物。他是从常识上立论，重申孔子性相近之说，后来程朱又分出义理之性、气质之性，那就更精到了。文章的末尾说："今之言性者异于此，何也？曰：今之言者，杂佛、老而言也；杂佛、老而言也者，奚言而不异！"这种随路攻击的阵法，近人鲁迅颇得其神韵（原文见附录二）。

《原毁》的文字，略有时文气息。要意在："今之君子则不然，其责人也详，其待己也廉"，"不以众人待其身，而以圣人望于人"。他指出原因乃在"怠与忌"。他感慨地说："事修而谤兴，德高而毁来。呜呼！士之处此世，而望名誉之光，道德之行，难已！"中国就是这样一个充满酸溜溜的老子之徒的世界，韩愈实在感受他们的威胁太大了！就文意看，也一望可知是被贬后之作。这样便更可说明这数文的著作时日是在他三十八岁左右了（原文见附录三）。

《原仁》一文，说明在"日月星辰"之属于天，"草木山川"之属于地之外，"夷狄禽兽"都属于"人"；人乃夷狄禽兽之主，所以"圣人一视而同仁，笃近而举远"。就儒家立场看来，这话是说得过去的，因为儒家既不曾把"仁"推到日月山川上去，也不曾把"仁"限制在"人类"，恰是及于动物界而止。"仁"是做"人"

的道理，所以“人”也就相当于动物界了。——不过其中又有远近厚薄而已。

《原鬼》则把万物分析为“有形而无声者，物有之矣，土石是也；有声而无形者，物有之矣，风霆是也；有声与形者，物有之矣，人兽是也；无声与形者，物有之矣，鬼神是也”。下边便又说到鬼神与物怪的不同，鬼神是以无声无形为常的，但是人民做了悖理的事，由于气的相戚，则鬼神可以暂时有形有声，对人民生祸，而终归于无声无形；物怪则不然，也可以有声有形，也可以无形无声，对人民也可为福，也可为祸。在韩愈的意思，鬼神还是理性范围的，物怪就属于非理性世界了。其实还可再推论人对于鬼神应当敬畏，对于物怪则可顺其自然呢。

总之，这五文是代表着韩愈的宗教哲学（《原鬼》）、形而上学（《原仁》）、人生哲学（《原性》）、政治哲学（《原道》）、社会哲学（《原毁》）。所论虽有详略精粗之异，但韩愈的全部哲学（除了文艺理论之外）是统统包括在这里了。

就《原道》中之“荀与扬也，择焉而不精，语焉而不详”看，似乎讲“荀与扬，大醇而小疵”的《读荀》亦同时作；《读荀》既为这时作（原文见附录四），则《读鹖冠子》《读仪礼》《读墨子》等，亦可能同时作。

他这一年又作有《五箴》，我们虽不敢确定它作于何地，但在郴县待命的三月，倒正是清算自己的最合适的时候。从《五箴》中，很可以看出他过去生活的一斑。先录全文，再加分析：

人患不知其过，既知之，不能改，是无勇也。余生三十有八年，发之短者日益白，齿之摇者日益脱；聪明不及于前时，道德日负于初心，其不至于君子而卒为小人也，昭昭矣！作五箴以讼其恶云。

余少之时，将求多能，蚤夜以孜孜；余今之时，既饱而嬉，蚤夜以无为。呜呼余乎！其无知乎？君子之弃，而小人之归乎？——“游箴”。

不知言之人，乌可与言！知言之人，默焉而其意已传。幕中之辩，人反以汝为叛；台中之评，人反以汝为倾。汝不惩耶？而呶呶以害其生耶？——“言箴”。

行与义乖，言与法违；后虽无害，汝可以悔！行也无邪，言也无颇；死而不死，汝悔而何！宜悔而休，汝恶曷瘳？宜休而悔。汝善安在？悔不可追，悔不可为；思而斯得，汝则弗思！——“行箴”。

无善而好，不观其道；无悖而恶，不详其故。前之所好，今见其尤。从也为比，舍也为仇。前之所恶，今见其臧。从也为愧，舍也为狂。维仇维比，维狂维愧；于身不祥，于德不义。不义不祥，维恶之大；几如是为，而不颠沛？齿之尚少，庸有不思；今其老矣，不慎胡为！——“好恶箴”。

内不足者，急于人知；霈焉有余，厥闻四驰。今日告汝，知名之法，勿病无闻，病其晔晔。昔者子路，惟恐有闻？赫然千载，德誉愈尊。矜汝文章，负汝言语，乘人不能，掩以自取。汝非其父，汝非其师；不请而教，谁云不欺？欺以贾憎，掩以媒怨；汝曾不悟，以及于难。

小人在辱，亦克知悔；及其既宁，终莫能戒。既出汝心，又铭汝前；汝如不顾，祸亦宜然。——“知名箴”。

“幕中之辩”，指在汴州、徐州时；“台中之评”，指在御史任时。他从前的吃亏，就在好说话上。“或虑语言泄，传之落冤仇”，还不是因口舌得祸么？大抵韩愈是偏于狂者一流，从前张籍即已告诫过他说话不要太任性了。他的好恶也是偏极了的，所谓“无善而好，不观其道，无悖而恶，不详其故”，而且一经好恶之后，则后来进退两难了，这是他浪漫性格的一面。“急于人知”的好名脾气，也是真的。但另一方面，韩愈之可爱，却就在他有生气，生命力强，虽小有过失，倒不失为一个活泼泼的人。然而现在是到了他真正成熟期，要步入冷静了。

一五　北行途中

在郴州时也作了些诗，诗以赠张署者为多，如《叉鱼招张功曹》，这是就《祭郴州李使君文》中所谓“获纸笔之双贸，投叉鱼之短韵”而可推知的。杜甫观打鱼诗有“吾徒胡为纵此乐，暴殄天物圣所哀”之句，韩愈的立场则与此异，他却说“脍成思我友，观乐忆吾僚”，他重在朋友，他并不管鱼的命运。又有《答张十一功曹》：

> 山净江空水见沙，哀猿啼处两三家；
> 筼筜竞长纤纤笋，踯躅闲开艳艳花。
> 未报恩波知死所，莫令炎瘴送生涯；
> 吟君诗罢看双鬓，斗觉霜毛一半加！

另有《湘中酬张十一功曹》：

> 休垂绝徼千行泪，共泛清湘一叶舟；
> 今日岭猿兼越鸟，可怜同听不知愁！

还有《郴口又赠》二首，统统为寄张署而作。但尤佳者则为《八月十五夜赠张功曹》：

纤云四卷天无河，清风吹空月舒波；
沙平水息声影绝，一杯相属君当歌。
君歌声酸辞且苦，不能听终泪如雨；
洞庭连天九疑高，蛟龙出没猩鼯号。
十生九死到官所，幽居默默如藏逃；
下床畏蛇食畏药，海气湿蛰熏腥臊。
昨者州前捶大鼓，嗣皇继圣登夔皋；
赦书一日行万里，罪从大辟皆除死。
迁者追回流者还，涤瑕荡垢清朝班；
州家申名使家抑，坎轲只得移荆蛮。
判司卑官不堪说，未免捶楚尘埃间；
同时辈流多上道，天路幽险难追攀。
君歌且休听我歌，我歌今与君殊科；
一年明月今宵多，人生由命非由他！
有酒不饮奈明何！

这时韩愈要去做江陵府法曹参军，张署要去做江陵府功曹参军，虽没到任，但是官已定了。自此即首途赴江陵。由郴州北上，路经耒阳，作有《题木居士二首》，其一曰：

火透波穿不计春，根如头面干如身；

偶然题作木居士，便有无穷求福人。

更北行，至衡州（即衡阳），遂作有《合江亭》《谒衡岳庙遂宿岳寺题门楼》二诗。后一首，录如下：

五岳祭秩皆三公，四方环镇嵩当中；
火维地荒足妖怪，天假神柄专其雄。
喷云泄雾藏半腹，虽有绝顶谁能穷！
我来正逢秋雨节，阴气晦昧无清风。
潜心默祷若有应，岂非正直能感通？
须臾静扫众峰出，仰见突兀撑青空。
紫盖连延接天柱，石廪腾掷堆祝融；
森然魄动下马拜，松柏一径趋灵宫。
粉墙丹柱动光彩，鬼物图画填青红；
升阶伛偻荐脯酒，欲以菲薄明其衷。
庙令老人识神意，睢盱侦伺能鞠躬；
手持杯珓导我掷，云此最吉余难同。
窜逐蛮荒幸不死，衣食才足甘长终；
侯王将相望久绝，神纵欲福难为功。
夜投佛寺上高阁，星月掩映云曈昽；
猿鸣钟动不知曙，杲杲寒日生于东。

自衡州再北上，至潭州（即长沙），乃作有《陪杜侍御游湘西寺》诗；自此，泛洞庭，作有《洞庭湖阻风赠张十一署》诗，后者如下：

十月阴气盛，北风无时休；
苍茫洞庭岸，与子维双舟。
雾雨晦争泄，波涛怒相投；
鸡犬断四听，粮绝谁与谋。
相去不容步，险如碍山丘；
清谈可以饱，梦想接无由。
男女喧左右，饥啼但啾啾；
非怀北归兴，何用胜羁愁！
云外有白日，寒光自悠悠；
能令暂开霁，过是吾无求！

此际生活之清苦亦可见。到了岳阳，又有《岳阳楼别窦司直》诗，开端仍形容洞庭，中记岳阳楼景，末后又叙到前年出官的冤枉，余怨犹在，转思解脱：

……
追思南渡时，鱼腹甘所葬；
严程迫风帆，劈箭入高浪。
颠沉在须臾，忠鲠谁复谅！
生还真可喜，克己自惩创。
庶从今日后，粗识得与丧；
事多改前好，趣有获新尚。

誓耕十亩田，不取万乘相；
细君知蚕织，稚子已能饷。
行当挂其冠，生死君一访。

从诗中“时当冬之孟”看，知道他是十月到了岳州的。经过打击后的韩愈，已得了不少阅历，不想再像以前那样勇往直撞了。玩其语意，正和《五箴》之作相去不远。

他这一次的目的地是湖北南部的江陵。在快到江陵时，作有《赴江陵途中寄赠王二十补阙李十一拾遗李二十员外三学士》，三学士之一为王涯，是他那同时应举考中的“龙虎榜”的人物之一。这首长诗的大半是说他前年放逐的原因和经过的，最后说到遇赦和宪宗的嗣位，又说到他对法曹一职的不适合：

……
生平企仁义，所学皆孔周；
早知大理官，不列三后俦。
何况亲犴狱，敲搒发奸偷；
悬知失事势，恐自罹罝罘。
湘水清且急，凉风日修修；
胡为首归路，旅泊尚夷犹？
……

下面更说到他这时的心情：

……

失志早衰换，前期拟蜉蝣。

自从齿牙缺，始慕舌为柔。

因疾鼻又塞，渐能等薰莸。

……

这和早年的“呶呶以害其生”的态度，判若两人了，因此阳山之贬，可以说是韩愈生命史上一个重要节奏。我说节奏，是因为韩愈性格终究是急于用世的，现在只能看作是一个暂时的间歇而已。

到了江陵，生活略微安定下来了，又作了不少诗，他是永贞元年冬天到的，到次年元和元年（公元八〇六年，他三十九岁），春夏都在此地。

心情还在失意，友情还多在张署。他作有《李花赠张十一署》，其中有这样的句子：

……

念昔少年著游燕，对花岂省曾辞杯！

自从流落忧感集，欲去未到先思回。

只今四十已如此，后日更老谁论哉！

力携一樽独就醉，不忍虚掷委黄埃！

……

《杏花》一诗中也说：

……

今旦胡为忽惆怅，万片飘泊随西东。

……

更如《感春四首》中则有：

……

春风吹园杂花开，朝日照屋百鸟语；

三杯取醉不复论，一生长恨奈何许！

……

朝骑一马出，暝就一床卧；

诗书渐欲抛，节行久已惰。

冠欹感发秃，语误悲齿堕；

辜负平生心，已矣知何奈！

我恨不如江头人，长网横江遮紫鳞；

独宿荒陂射凫雁，卖纳租税官不嗔。

归来欢笑对妻子，衣食自给宁羞贫；

今者无端读书史，智慧只足劳精神。

画蛇著足无处用，两鬓雪白趋埃尘！

乾愁漫解坐自累，与众异趣谁相亲？

数杯浇肠虽暂醉，皎皎万虑醒还新；

百年未满不得死，且可勤买抛青春！

另有《寒食日出游夜归赠张十一》《忆昨行和张十一》，都是穷愁寂寞之感。“自然忧气损天和，安得康强保天性”，他何尝不知道“忧能伤人”？然而他是诗人，又不纯粹是诗人，诗人酒醉了就忘情一切了，他却兼是一个思想家，因而暂醉之后，就“皎皎万虑醒还新”了！生活的艰苦，也殊为逼人，“今者无端读书史，智慧只足劳精神”，这是一般读书人的命运，千载之下读之，犹让人不禁闻声一哭！

这时稍微有一点安慰的，却是有人送给韩愈一张席子。这使他得意极了，原来他体胖爱睡，又苦热多汗，心爱那凉席，却又买不起，有人送来了，高兴得什么似的：

蕲州笛竹天下知，郑君所宝尤瑰奇；
携来当昼不得卧，一府传看黄琉璃。
体坚色净又藏节，尽眼凝滑无瑕疵；
法曹贫贱众所易，腰腹空大何能为？
自从五月困暑湿，如坐深甑遭蒸炊；
手磨袖拂心语口，慢肤多汗真相宜。
日暮归来独惆怅，有卖直欲倾家资；
谁谓故人知我意，卷送八尺含风漪。
呼奴扫地铺未了，光彩照耀惊童儿；
青蝇侧翅蚤虱避，肃肃疑有清飙吹。
倒身甘寝百疾愈，却愿天日恒炎曦；
明珠青玉不足报，赠子相好无时衰。

——《郑群赠簟》

在唐时孔戣还有一段记载，说“退之丰肥善睡，每来吾家，必命枕簟”，可知他的体胖善睡是出名的了。韩愈真是一个有趣的人，他还爱说笑话。所以他后来当国子监祭酒（大学校长）时，那班学生都高兴地说：“韩公来为祭酒，国子监不寂寞矣！”皇甫湜所撰的墓志神道碑上说他在讲书时，常有“诙笑啸歌”，这和表现在道貌岸然的大文章里的韩愈是很不同的。他好群的生活是到这样地步，每一次吃饭都一定陪着客人。他一点也不爱存钱，常常说：“我从前是典当过日子，现在已经好多了！”

一六　国子博士

到了元和元年的六月，他自江陵召拜为国子博士。不过起初还是暂时代理性质，到了第三年，才真除为博士。

他这次重回到京师，刚逢顺宗的葬仪举行，他作有《丰陵行》，说："墓藏庙祭不可乱，欲言非职知何如。"可知他是有许多不满的，然而非职责所在，也无可如何了。

博士官是一个闲散的职位，他一则说，"由来钝騃寡参寻，况是儒官饱闲散。……何人有酒身无事，谁家多竹门可款"（《游青龙寺赠崔大补阙》）；二则说，"窜逐新归厌闻闹，齿发早衰嗟可闵。频蒙怨句刺弃遗，岂有闲官敢推引？……能来取醉任喧呼，死后贤愚俱泯泯"。不满之意，见于言表。

然而就是这样闲散的官，也还有人谗谤，所以又作有《剥啄行》，想闭门谢客：

剥剥啄啄！有客至门；

我不出应，客去而嗔。

从者语我，子胡为然？

我不厌客，困于语言。

欲不出纳，以堙其源。

……

从者语我，嗟子诚难！

子虽云尔，其口益蕃。

我为子谋，有万其全；

凡今之人，急名与官。

子不引去，与为波澜。

……

今去不勇，其如后艰？

我谢再拜，汝无复云。

往追不及，来不有年。

他简直有退意了！这时他深晓得人的毁誉还是不相抵的，所以他又说："无善名已闻，无恶声已欢；名声相乘除，得少失有余。"(《三星行》) 好名的人，有时就反而为名累！

这次在京师，最足快慰的事，却是和一班老友如张籍、张彻、孟郊等之联句，尤以和孟郊合作的为最多，也最佳。此中有名的如《城南联句》《会合联句》《斗鸡联句》《纳凉联句》《秋雨联句》《征蜀联句》《同宿联句》等，皆是。现在只举《会合联句》一段，以见一斑：

离别言无期，会合意弥重（籍）。

病添儿女恋，老丧丈夫勇（愈）。

剑心知未死，诗思犹孤耸（郊）。

愁去剧箭飞，欢来苦泉涌（彻）。

析言多新贯，摅抱无昔壅（籍）。

念难须勤追，悔易勿轻踵（愈）。

……

这是刚到京师，会合四友而作。黄庭坚说："（退之）《会合联句》，四君子皆佳士，意气相入，杂之成文章，世之文章之士少联句，盖笔力不能相追，或成四公子棋耳。"他们的联句，实在是奇观。有人说联句起于退之，虽然严格地这样说是不对的，然而联句为退之等所独擅，却仍是可以说的。

到了元和二年，这时的宰相郑絪，韩林舍人李吉甫、裴垍，很爱韩愈的文章，便想予以要职，但争位的人就又造起谣言来了。于是韩愈作《释言》，可是终不能解释掉，为畏祸，固求分教东都。他在《四门博士周况妻韩氏墓志铭》中所说："开封从父弟愈，于时为博士，乞分教东都生，以收其孥于开封界中教畜之。"不过是一种说辞而已。

一七　分教东都

他是这年的夏天之末离京赴东都洛阳的。分教东都者，就好像一个国立大学的分校教授而已。这时他已经四十岁了。

这一年他作有《元和圣德诗》，是四言，共千又二十四字，这是歌功颂德的一篇力作，最后说“博士臣愈，职是训诂，作为歌诗，以配吉甫”，他俨然以周朝赞美宣王的诗人尹吉甫自比呢。又作有《酬裴十六功曹巡府西驿途中见寄》诗，其中说：“我来亦已幸，事贤友其仁。持竿洛水侧，孤坐屡穷辰。多才自劳苦，无用只因循。辞免期匪远，行行及山春。”仍有微微的退意。

在散文方面，则作有《张中丞传后叙》。张中丞即张巡，张巡事本甚动人，退之此文，亦最有太史公遗意。

又有《答冯宿书》，说到前年在京师时受谤毁的情况：

> ……在京城时，嚣嚣之徒，相訾百倍；足下时与仆居，朝夕同出入起居，亦见仆有不善乎？然仆退而思

之，虽无以获罪于人，亦有以获罪于人者。仆在京城一年，不一至贵人之门，人之所趋，仆之所傲；与己合者，则从之游，不合者，虽造吾庐，未尝与之坐，此岂徒足致谤而已，不戮于人，则幸也。追思之，可为战栗寒心！……

韩愈的真实生活，可于此见之。后人常以为他奔走权贵，一味求官，不知道他不过因为是书呆子，急于用世，留下了几封自荐的信，易为人口实而已，他太不圆滑了，所以才到处碰壁！他到了洛阳后，便态度一变，然而悠悠之口，还是不绝：

……至此以来，克己自下，虽不肖人至，未尝敢以貌慢之，况时所尚者邪？以此自谓庶几无时患，不知犹复云云也！……委曲从顺，向风承意，汲汲恐不得合，犹且不免云云，命也，可如何！……

这就是中国人的社会！无怪乎韩愈作《释言》，作《原毁》，而《张中丞传后叙》中也说：“小人之好议论，不乐成人之美，如是哉！”真慨乎言之！

元和三年，韩愈改为真博士了，年四十一岁。在这年的冬天，作有《崔十六少府摄伊阳以诗及书见投因酬三十韵》，其中有“三年国子师，肠肚习藜苋”之句，可知他这时仍是清贫的。但他自己虽然“行当自劾去，渔钓老葭菼”，可是他仍劝人进取。

当时少室山隐居的李渤，诏劝出为右拾遗，不屑就，韩愈就很恳切地上书劝驾：

……昔者，孔子知不可为，而为之不已，足迹接于诸侯之国；即可为之时，自藏深山，牢关而固距，即与仁义者异守矣。……拾遗征君若不至，必加高秩，如是则辞少就多，伤于廉而害于义，拾遗公必不为也。……由拾遗公而使天子不尽得良臣，君子不尽得显位，人庶不尽被惠利，其害不为细，必望审察而远思之，务使合于孔子之道。……

这话果然打动了李渤，于是出山，每逢朝廷有缺政，便都进言。韩愈之劝李渤，很像司马迁之劝挚伯陵。他们的本质都是入世的，又可于此见之了。

元和四年的六月，韩愈改为都官员外郎。都官是刑官，员外郎在郎中之次。仍守在东都洛阳。这时他和樊宗师、卢仝、石洪，常常各处游玩，因而后来有好些“题名”在洛阳流传着。这一年作的诗，当以《送李翺》为最佳：

广州万里途，山重江逶迤，
行行何时到，谁能定归期？
揖我出门去，颜色异恒时；
虽云有追送，足迹绝自兹。

人生一世间，不自张与弛；
譬如浮江木，纵横岂自知？
宁怀别时苦，勿作别后思！

这一年作的散文中，有《监察御史元君妻京兆韦氏夫人墓志铭》，韦氏就是元微之的夫人。

次年，韩愈改为河南县令。所谓河南，就是指洛阳。他这一年是四十三岁了。在春日作有《东都遇春》，他说：

少年气真狂，有意与春竞；
行逢二三月，九州花相映。
川原晓服鲜，桃李晨妆靓；
荒乘不知疲，醉死岂辞病。
饮啖惟所便，文章倚豪横；
尔来曾几时，白发忽满镜。
旧游喜乖张，新辈足嘲评；
心肠一变化，羞见时节盛。
得闲无所作，贵欲辞视听；
深居疑避仇，默卧如当暝。
……

颇可以见出他这时的心情。《感春五首》亦同时作。但其中却有“选壮军兴不为用，坐狂朝论无由陪”的豪情，和上年冬所作《送侯参谋赴河中幕》中的“犹思脱儒冠，弃死取先登”这句，则一贯。原来他的退意，也是因寂寞而然的，假若有机会能施展一下，却未尝不会多少兴奋起来的。

不过倘若不得其人，虽有机会施展，他也还是不肯。这时所作的《送石处士序》《送温处士赴河阳军序》，便都因为石洪轻于出山，而加以讥讽。诗中说：

> 长把种树书，人云避世士。
> 忽骑将军马，自号报恩子。
> ……
>
> ——《送石处士赴河阳幕》

《送石处士序》中则屡记着规劝之词，一则说“大夫（指河阳军节度御史大夫乌重裔）真能以义取人，先生真能以道自任”；二则说“凡去就出处何常？惟义之归”；三则说“使大夫恒无变其初，无务富其家而饥其师，无甘受佞人而外敬正士，无味于谄言，惟先生是听”；更说“使先生无图利于大夫，而私便其身”，假若石洪应该抛弃十年的隐士生活去参谋河阳时，还用得着这样叮咛，一而再、再而三么？曾国藩、吴汝纶都看出此序是讥讽，而且是狡猾的讥讽了，这是对的。我还要补一句，这种狡猾，完全是由司马迁来的。

元和六年的春天，韩愈仍在河南，有名的《送穷文》即作于此时：

元和六年正月乙丑，晦，主人使奴星，结柳作车，缚草为船，载糗与粻，牛系轭下，引帆上樯，三揖穷鬼而告之曰："闻子行有日矣！鄙人不敢问所涂，窃具船与车，备载糗粻，日吉时良，利行四方。子饭一盂，子啜一觞。携朋挈俦，去故就新，驾尘彍风，与电争先。子无底滞之尤，我有资送之恩，子等有意于行乎？"屏息潜听，如闻音声，若啸若啼，砉欻嘎嘤，毛发尽竖，竦肩缩颈，疑有而无，久乃可明。若有言者曰："吾与子居，四十年余。子在孩提，吾不子愚。子学子耕，求官与名。惟子是从，不变于初。门神户灵，我叱我呵。包羞诡道，志不在他。子迁南荒，热烁湿蒸。我非其乡，百鬼欺陵。太学四年，朝齑暮盐。惟我保汝，人皆汝嫌。自初及终，未始背汝。心无异谋，口绝行语。于何听闻，云我当去？是必夫子信谗，有间于予也。我鬼非人，安用车船？鼻嗅臭香，糗粻可捐！单独一身，谁为朋俦？子苟备知，可数已不？子能尽言，可谓圣智；情状既露，敢不回避。"主人应之曰："子以吾为真不知也邪？子之朋俦，非六非四。在十去五，满七除二。各有主张，私立名字。捩手覆羹，转喉触讳。凡所以使吾面目可憎、语言无味者，皆子之志也！其名曰智穷：矫矫亢亢，恶圆喜方，羞为奸欺，不忍害伤。其次名曰学穷：傲数与名，摘抉杳微，高挹群言，执神之机。又其次曰文穷：不专一能，怪怪奇奇，不可时施，只以自嬉。又其次曰命穷：影与形殊，面丑心妍，利居众后，责在人先。又其次曰交穷：磨肌戛骨，吐出心肝，企足以待，置我仇冤。凡此五鬼，为吾五患，饥我寒我，兴讹造讪。能使我迷，人莫能间。朝悔其行，暮已复然。蝇营狗苟，驱去复还。”言未毕，五鬼相与张眼吐舌，跳踉偃仆，抵掌顿脚，失笑相顾。徐谓主人曰：“子知我名，凡我所为。驱我令去，小黠大痴。人生一世，其久几何？吾立子名，百世不磨。小人君子，其心不同。惟乖于时，乃与天通。携持琬琰，易一羊皮。饫于肥甘，慕彼糠糜。天下知子，谁过于予！虽遭斥逐，不忍子疏。谓予不信，请质诗书！”主人于是垂头丧气，上手称谢，烧车与船，延之上座。

痛苦之极，就变为幽默了，这是韩愈多少年来受了的压迫的总说明。文中许多形容，都是自负处。无论他的人格或才华，那最纯粹的最优秀的最可珍贵的成分，是全在这里了。智穷是他的人格的光彩，文穷是他的天才的丰富，交穷是他的情感上的损伤。就体裁论，这确是词赋之体的正宗，因为中间历叙五鬼，有些铺排，后说“延之上座”，是仍归于正意，这结构是标准的“赋”。就用语论，则采了不少俗语，而非六非四、在十去五、满七除二等表现法，也近于民间文学。幽默的趣味，恰和《原道》作一个对照。不专一能，怪怪奇奇，更是他的风格的自评。所以这文字是重要极了，万不能像从前人只以“游戏”二字了之！

这年三月他的乳母死了，所以又作有《乳母墓志》，这是从小哺育他，一直跟在他家，有四十几年了的。这时作的诗中，以《寄卢仝》为最足以表现一种人格，以《谁氏子》为最能代表他对教育的热心。卢仝是真正清高的，与石洪、温造、李渤异，那诗里便表现着。《谁氏子》是说一个青年忽然出家的，韩愈主张“愿往教诲究终始……不从而诛未晚耳”，果然便把那个青年感化了。

一八　进学解

到了元和六年的秋夏之际，韩愈离开住了五年的东都，又回到京师了。在《酬司门卢四兄云夫院长望秋作》里，说："归来得便即游览，暂似壮马脱重衔。"简直有解放之感。他在京师，是迁为职方员外郎，这是属于兵部，管边疆事。《石鼓歌》即作于此时。"少陵无人谪仙死，才薄将奈石鼓何"，见出他对李、杜的推崇；"嗟余好古生苦晚，对此涕泪双滂沱。……羲之俗书趁姿媚，数纸尚可博白鹅"，可知他对"帖派"的羲之在鄙夷着。退之的书法，我们所见者不多，但就文章论，他是宁偏于金石之文的碑味的。所以他写了那么些墓志铭，也并非偶然。唐朝颜真卿的字，也是偏于碑的，这或者是一种"时代精神"吧。

很可趣的是，韩愈每每有法律观念。就是他的文章，也有时有韩非气息，《韩辨》即为一例。这时作的《复仇状》为又一例。他说：

> ……丁宁其义于经，而深没其文于律者，其意将使法吏一断于法，而经术之士得引经而议也。……宜定其

制曰：凡有复父仇者，事发，具其事申尚书省，尚书省集议奏闻，酌其宜而处之，则经、律无失其指矣。……

韩愈当职方员外郎不到一年，即元和七年的二月，又当了国子博士，这是他第三次做“大学教授”了。就官阶上说，这是下迁。原因是，华阴令柳涧有罪，以前的刺史已经劾奏过，可是罪没等治，那刺史就罢官而去了，柳涧为报复起见，讽使百姓拦道索军顿役直，这却惹起了后来的刺史对柳涧也讨厌起来了，即治柳涧之狱，贬为房州司马。逢巧韩愈过华阴，以为是刺史们互相维护，于是上疏为柳涧昭雪，经过御史复审，查出柳涧的赃来了，便再把他贬为封溪尉。韩愈又迁为国子博士，就是多管闲事的代价。

韩愈在失望之余，就又幽默起来，作有《石鼎联句》，假托有一个九十多岁的道士轩辕弥明，会捕解曳物，又能作诗，最后用联句的诗才把侯喜、刘师服降服，其中“龙头缩菌蠢，豕腹涨彭亨”，“方当洪炉然，益见小器盈”，都是意在讥讽。其实这道士便是韩愈自己，因为轩辕是韩字的拼音，弥明的意义也和愈字相近。[①] 这可以说是韩愈创作的一篇传奇吧。

因为牙病，又作有《赠刘师服》：

美君齿牙牢且洁，大肉硬饼如刀截；

① 据查，此处引宋代洪兴祖的说法。洪兴祖云：“石鼎联句诗或云皆退之所作……轩辕寓公姓，弥明寓公名。”——编者注

我今牙豁落者多，所存十余皆兀鼿。
匙抄烂饭稳送之，合口软嚼如牛呞；
妻儿恐我生怅望，盘中不饤栗与梨。
只今年才四十五，后日悬知渐莽卤；
朱颜皓颈讶莫亲，此外诸余谁更数！
忆昔太公仕进初，口含两齿无赢余；
虞翻十三比岂少，遂自惋恨形于书。
丈夫命存百无害，谁能检点形骸外；
巨缗东钓傥可期，与子共饱鲸鱼脍！

但更幽默得大方而表现得有个性的，则是有名的《进学解》：

国子先生晨入太学，招诸生立馆下，诲之曰："业精于勤荒于嬉，行成于思毁于随。方今圣贤相逢，治具毕张，拔去凶邪，登崇畯良。占小善者率以录，名一艺者无不庸。爬罗剔抉，刮垢磨光。盖有幸而获选，孰云多而不扬。诸生业患不能精，无患有司之不明。行患不能成，无患有司之不公。"言未既，有笑于列者曰："先生欺余哉！弟子事先生于兹有年矣。先生口不绝吟于六艺之文，手不停披于百家之编。记事者必提其要，纂言者必钩其玄。贪多务得，细大不捐。焚膏油以继晷，恒兀兀以穷年。先生之业，可谓勤矣！抵排异端，攘斥佛、老。补苴罅漏，张皇幽眇。寻坠绪之茫茫，独旁搜而远绍，障百川而东之，回狂澜于既倒。先生之于儒，可谓有劳矣！沉浸醲郁，含英咀华。作为文章，其书满家。上规姚、姒，浑浑无涯。周《诰》殷《盘》，佶屈聱牙。《春秋》谨严，《左氏》浮夸。《易》奇而法，《诗》正而葩。下逮《庄》《骚》，太史所录，子云、相如，同工异曲。先生之于文，可谓闳其中而肆其外矣！少始知学，勇于敢为；长通于方，左右具宜。先生之于为人，可谓成矣！然而公不见信于人，私不见助于友。跋前踬后，动辄得咎。暂为御史，遂窜南夷。三年博士，冗不见治。命与仇谋，取败几时？冬暖而儿号寒，年丰而妻啼饥。头童齿豁，竟死何裨？不知虑此，而反教人为！”先生曰："吁！子来前！夫大木为杗，细木为桷，欂栌侏儒，椳闑扂楔，各得其宜，施以成室者，匠氏之工也。玉札丹砂，赤箭青芝，牛溲马勃，败鼓之皮，俱收并蓄，待用无遗者，医师之良也。登明选公，杂进巧拙，纡余为妍，卓荦为杰，校短量长，惟器是适者，宰相之方也。昔者孟轲好辩，孔道以明，辙还天下，卒老于行；荀卿守正，大论是弘，逃谗于楚，废死兰陵，是二儒者，吐辞为经，举足为法，绝类离伦，优入圣域，其遇于世何如也！今先生学虽勤而不繇其统，言虽多而不要其中，文虽奇而不济于用，行虽修而不显于众，犹且月费俸钱，岁靡廪粟，子不知耕，妇不知织，乘马从徒，安坐而食，踵常途之促促，窥陈编以盗窃，然而圣主不加诛，宰臣不见斥，非其幸欤？动而得谤，名亦随之。投闲置散，乃分之宜。若夫商财贿之有亡，计班资之崇庳，忘己量之所称，指前人之瑕疵，是所谓诘匠氏之不以杙为楹，而訾医师以昌阳引年，欲进其豨苓也！”

这是像《送穷文》似的，把他的学力和人格又表现了一遍了，但却表现得好！

他作此文，本以自娱，但却有了好的反响。当时的宰相武元衡、李吉甫、李绛看了后，很抱同情，于是在元和八年的三月二十三日（韩愈四十六岁），把他改为比部郎中史馆修撰了。比部仿佛现在的审计部，史馆修撰是因为他有史才。

不过韩愈知道史官是难做的，尤其在那时，政治环境非常复杂，更不易下笔，所以在《答刘秀才论史书》中说："夫为史者，不有人祸，则有天刑，岂可不畏惧而轻为之哉？”我想韩愈却并不是真正畏祸，实在因为就是写出来，也容易为人改动，反而不能存真。他确是有先见的，后来所撰的《顺宗实录》，还不是经好几人之手改添过么？所撰的《平淮西碑》，还不是被人磨掉了么？《毛颖传》的滑稽文（可以比美《进学解》），也似在此时作。他给“笔”写个传，仿佛现在所谓童话，用意也许在史笔之未得施展吧（原文附录一四）。

第二年（即元和九年，韩愈年四十七岁）的九月，他的好朋友孟郊死了！原来孟郊大韩愈十七岁，死时六十四岁。他约同张籍去哭吊，又作《贞曜先生墓志铭》。联句赋诗的乐趣，是减少一大半了！十月，转为考功郎中。考功属吏部，仿佛现在的人事司似的。仍任史馆修撰。十二月，开始掌制诰。他掌制诰有一年多，但现在只存有《除崔群户部侍郎制》一文，现在录下，以代表他应用文字的一斑：

> 敕：地官之职，邦教是先；必选国华，以从人望，具官崔群，体道履仁，外和内敏，清而容物，善不近名。从容礼乐之间，特达珪璋之表。比参密命，弘益既多；及贰仪曹，升擢惟允。迈兹令德，蔼然休声。选贤与能，于今惟重，择才均赋，自古尤难；往慎乃司，以服嘉命。可！

元和十年（他四十八岁了），进《顺宗实录》。这一年六月，宰相武元衡被刺死，御史中丞裴度被刺伤，都是镇州节度使王承宗主使的，朝廷里起初不敢捉贼，捉到了，又不立即给赏，韩愈遂作《论捕贼行赏表》，说号令不可不信，这是韩愈之法家精神的表现。

一九　淮西用兵

韩愈是中国过去人文教育成功的一个例证。中国过去人文教育的最大特色是，一方面讲美，一方面讲用。前者的成就为诗人，后者的成就为治世之才。中国人在过去凡在传统的人文教育中培养得成功者，往往兼之，韩愈便是最佳的一例。他很有个性，很有感情，但同时也很能洞达实际社会情况，能善为应付；他一方面既热心国家社会的事业，但另一方面也不委屈自己的进退。这传统应该说自孔子始。古文家之“古”，也无非以孔子为理想，但真正做到的太少了，韩愈却已是多少具体而微的。

我说他是中国过去人文教育成功的一个例证，这特别见之于平淮西一役。事情是这样的：彰义军节度使吴少阳在元和九年死了，他的儿子吴元济擅自树立，宪宗就想讨伐他。于是第二年即派御史中丞裴度去调查，他也说该用兵。可是因为蔡州不用廷命已经五十年，传过三姓四将了，宰相们便都怕事。这时（元和十一年正月）韩愈已改为中书舍人，便也上书论淮西事，他在主张用兵上却更为积极，他说：“以三小州残弊困剧之余，而当天下之全力，其破败可立而待也。然所未可知者，在陛下断与不断耳。……陛下持之不坚，半途而罢，伤威损费，为弊必深，所以要先决于心。……传曰：断而后行，鬼神避之。迟疑不断，未有能成其事者也。”他不但有理论，而且有做法，下面即条举数事，如利用民间武力，大军可分四路，在可入时便四道一时俱入，在不可入时则以逸待劳；对迫协的叛兵，则主宽大；对淄青、恒冀两道的兵，则主分化，不能想速效，不能惜小费等，都非常细审。然而因此却与执政者之懦弱相违了，遂降为太子右庶子。

直到元和十二年（韩愈五十岁），真正对淮西用兵了，裴度以宰相节度彰义军，并奏愈为行军司马，才按照他前年所条陈的计划而从事着。他们一出潼关，韩愈又请先到开封，说服宣武节度使韩弘，请他出力。同时韩愈又看出蔡州的精兵已经分散到边界上去了，认为可用三千人前去夺城，则可擒得吴元济。谁知裴度还没来得及这样做，唐邓随节度使李愬却也看出这一着来了，遂先入蔡州，成了首功。

回到朝廷时，韩愈因功迁为刑部侍郎。现在的官相当大了，就仿佛一个司法部的次长。当时宪宗又命韩愈撰《平淮西碑》，碑中很推崇裴度发纵指使之功，李愬却因此不平起来了，他的妻子又是唐安公主，常出入朝中，就诉说碑文不真实。结果碑文便又被磨掉了，由段文昌受命重撰。

《平淮西碑》是有数的庙堂文学中的佳构，后来文人都很推崇。李商隐《韩碑》最有名，其中便说：“点窜尧典舜典字，涂改清庙生民诗。……公之斯文若元气，先时已入人肝脾。汤盘孔鼎有述作，今无其器存其词。”苏东坡《沿流馆中得二绝句》（其一）也说："淮西功业冠吾唐，吏部文章日月光。千载断碑人脍炙，不知世有段文昌！"碑虽磨了，但在后人心上的碑却反而不朽了。

在平淮西时，他又作有《与鄂州柳中丞书》二则，柳中丞为柳公绰，柳公绰也是文人，他以文人而带兵助战，却每战必胜。第一封信便是予以鼓励的，第二封信则向他建议征兵不如招募。在河南行军时，他那同窜湘、粤的好友张署死了，他又作有《祭河南张员外文》（原文见附录一〇），并《唐故河南令张君墓志铭》。前者乃是他祭文中有情感并有真实生活者之代表作之一。

二〇 《谏迎佛骨表》

韩愈现在入于晚年了，然而以他生命力之丰强，好像故意讽刺大自然所赐予他的衰弱的体质似的，在最后一个生命阶段里，仍然很有精彩的事迹。这就是谏迎佛骨和宣抚王庭凑。

元和十四年，他五十二岁了，距他生命的结束已只有五年。当时宪宗有遣使者往凤翔迎佛骨入禁中之举，许多达官贵人都盲从崇拜，有的自是为讨好，有的却是真正的迷信。韩愈的耿直和勇气又来了，独独挺身出来上表力谏：

> 臣某言：伏以佛者，夷狄之一法耳。自后汉时流入中国，上古未尝有也。昔者黄帝在位百年，年百一十岁；少昊在位八十年，年百岁；颛顼在位七十九年，年九十八岁；帝喾在位七十年，年百五岁；帝尧在位九十八年，年百一十八岁；帝舜及禹，年皆百岁；此时天下太平，百姓安乐寿考，然而中国未有佛也。其后殷汤亦年百岁；汤孙太戊，在位七十五年；武丁在位五十九年，书史不言其年寿所极，推其年数，盖亦俱不

减百岁。周文王年九十七岁，武王年九十三岁，穆王在位百年；此时佛法亦未入中国，非因事佛而致然也。汉明帝时，始有佛法，明帝在位才十八年耳！其后乱亡相继，运祚不长。宋、齐、梁、陈、元魏以下，事佛渐谨，年代尤促。惟梁武帝在位四十八年，前后三度舍身施佛：宗庙之祭，不用牲牢；昼日一食，止于菜果；其后竟为侯景所逼，饿死台城，国亦寻灭。事佛求福，乃更得祸！由此观之，佛不足事，亦可知矣。高祖始受隋禅，则议除之；当时群臣才识不远，不能深知先王之道，古今之宜，推阐圣明，以救斯弊，其事遂止，臣常恨焉！伏惟睿圣文武皇帝陛下，神圣英武，数千百年已来，未有伦比！即位之初，即不许度人为僧尼道士。又不许创立寺观。臣常以为高祖之志，必行于陛下之手，今纵未能即行，岂可恣之转令盛也！今闻陛下令群僧迎佛骨于凤翔，御楼以观，舁入大内；又令诸寺递迎供养。臣虽至愚，必知陛下不惑于佛，作此崇奉，以祈福祥也；直以年丰人乐，徇人之心，为京都士庶，设诡异之观，戏玩之具耳！安有圣明若此，而肯信此等事哉！然百姓愚冥，易惑难晓，苟见陛下如此，将谓真心事佛，皆云天子大圣，犹一心敬信，百姓何人，岂合更惜身命！焚顶烧指，百十为群；解衣散钱，自朝至暮；转相仿效，惟恐后时；老少奔波，弃其业次，若不即加禁遏，更历诸寺，必有断臂脔身，以为供养者；伤风败俗，传笑四方，非细事也！夫佛本夷狄之人，与中国言语不通，衣服殊制；口不言先王之法言，身不服先王之法服；不知君臣之义，父子之情；假如其身至今尚在，奉其国命，来朝京师，陛下容而接之，不过宣政一见，礼宾一设，赐衣一袭，卫而出之于境，不令惑众也！况其身死已久，枯朽之骨，凶秽之余，岂宜令入宫禁！孔子曰："敬鬼神而远之。"古之诸侯，行吊于其国，尚令巫祝，先以桃茢，祓除不祥，然后进吊。今无故取朽秽之物，亲临观之，巫祝不先，桃茢不用，群臣不言其非，御史不举其失，臣实耻之！乞以此骨，付之有司，投诸水火，永绝根本；断天下之疑，绝后代之惑，使天下之人，知大圣人之所作为，出于寻常万万也！岂不盛哉！岂不快哉！佛如有灵，能作祸祟，凡有殃咎，宜加臣身！上天鉴临，臣不怨悔。无任感激恳悃之至！谨奉表以闻。臣某诚惶诚恐！

在韩愈的眼光中看，佛不过是一个不懂得中国文化的普通夷狄而已。就民族立场上，韩愈已不能容它。加之韩愈本人是有宗教性格的，客气一点说，他俨然是儒家的一个殉道者；不客气说，他自己就是要当一个教主的。以宗教之排他性言，尤其不能容佛。这是老战士之最后一次迎击了。

但结果却被贬为潮州刺史。本来还要杀他，亏得裴度、崔群一班人力救，才保得了性命。潮州是现在广东潮安，这是他一生中第三次到广东，但也是最后一次了。

他于元和十四年三月二十五日到潮州。过了一个月，有驱鳄鱼之事，原来他到潮州后，就首先问民间疾苦，得知为患最大的乃是鳄鱼，他于是在四月二十四日，命人带了一猪一羊，投于水中，并为文以告：

……昔先王既有天下，列山泽，罔绳擉刃，以除虫蛇恶物为民害者，驱而出之四海之外。及后王德薄，不能远有；则江汉之间，尚皆弃之，以与蛮夷楚越，况潮岭海之间，去京师万里哉！鳄鱼之涵淹卵育于此，亦固其所。今天子嗣唐位，神圣慈武，四海之外，六合之内，皆抚而有之，况禹迹所揜，扬州之近地，刺史县令之所治，出贡赋以供天地宗庙百神之祀之壤者哉！鳄鱼其不可与刺史杂处此土也！刺史受天子命，守此土，治此民，而鳄鱼睅然不安溪潭，据处食民畜熊豕鹿獐，以肥其身，以种其子孙，与刺史亢拒，争为长雄；刺史虽驽弱，亦安肯为鳄鱼低首下心，伈伈睍睍，为民吏羞，以偷活于此耶！且承天子命以来为吏，固其势不得不与鳄鱼辨；鳄鱼有知，其听刺史言：潮之州，大海在其南，鲸鹏之大，虾蟹之细，无不容归，以生以食，鳄鱼朝发而夕至也。今与鳄鱼约：尽三日，其率丑类南徙于海，以避天子之命吏；三日不能，至五日；五日不能，至七日；七日不能，是终不肯徙也。是不有刺史，听从其言也！不然，则是鳄鱼冥顽不灵，刺史虽有言，不闻不知也！夫傲天子之命吏，不听其言，不徙以避之，与冥顽不灵而为民物害者，皆可杀。刺史则选材技吏民，操强弓毒矢，以与鳄鱼从事，必尽杀乃止。其无悔！

据说这天晚上就忽然大风暴起来了，过了几天，水也干了，竟远退了六十里，潮州此后便永无鳄鱼之患。事实上自然不可能是因为一纸檄文而然，可是韩愈之注重人民疾苦，以及他那人格中宗教的气氛之浓，却也在这个传说里见之。

他这时又有《潮州刺史谢上表》，说明他体质之坏，以及对于庙堂文学的自负等，宪宗看见了，已有些动心，便对宰相道："昨得韩愈到潮州表，因思其所谏佛骨事，大是爱我，我岂不知？然愈为人臣，不当言人主事佛乃年促也。"这时宪宗有些想再用他，所以故意这样说，先看看宰相的脸色。偏偏宰相皇甫镈素来就是憎恶韩愈太好直言的，便说："韩愈总不能不算太狂放些了，略微让他向内移移是可以的。"

于是这一年十月，改为袁州（江西西部宜春县[①]）刺史。次年，元和十五年，他五十三岁了，在九月间，召拜为国子祭酒，相当于现在国立大学的校长。这是他最后一次服务于大学教育了。他处处奖掖后进，不失为一个大教育家的风度。现在集中留有的《进士策问十三首》，尤见出他善于启发人的思想，其发问的高明，辄令人神往不已。他在年底回到京师，在袁州的时候，好友柳宗元又死了，他作有祭文（原文见附录一一）并墓志铭。

① 现为宜春市。——编者注

二一　宣抚镇州

次年穆宗即位，改为长庆元年（公元八二一年），韩愈已经五十四岁。在七月时，转为兵部侍郎。

这时镇州兵乱（镇州为现在河北正定县之地），杀田弘正，立王庭凑。当时叫韩愈去宣抚，韩愈就道以后大家都为他担心，穆宗也有些后悔，于是叫他看情形再定，并不一定须入镇州。但是以韩愈之忠勇、负责和胆识，对这却拒绝了。他说："哪有受了命令，还再迟疑的？"因而快马加鞭，便到了镇州。

王庭凑带着大军去迎他，其实想先给他一个下马威而已。坐定了，庭凑便道："现在闹嚷嚷的，全是这些士兵啊！"韩愈听了，大喝道："天子觉得你有将才，所以才给你重任，你难道要和贼们一同造反么？"

话没说完，就有士卒前来称道："先太师（王武俊）为国讨朱滔，血还没干，何负于朝廷，怎么说是贼？"

韩愈答道："我以为你们不记得你们先太师呢，记得就最好了。顺逆的道理，说远了也没用，现在就把天宝以来的事情说给你们听吧：造反的安禄山、史思明、李希烈、梁崇义、朱滔、朱泚、吴元济、李师道，请看他们现在有后代没有呢？后代还有做官的没有呢？”

大家说：“没有。”

韩愈说：“田弘正把魏博六州交还中央，因为功劳，官才做到中书令，这也是你们所晓得的吧？”

“因为田弘正待部下太刻薄了，所以我们才不安起来。”

“可是你们把田公害了，又把他的家也毁了，又怎么说呢？”

这时大家只有齐声说：“侍郎说得对！”

王庭凑眼看军心要变，便令军士退去，暗中却哭向韩愈说：“您这回来，到底要我做什么？”

韩愈说：“朝廷是顾大体的，你久围神策禁军牛元翼做什么？”

庭凑说：“那容易，我不围他就是了。”

“这样便没事了！”这是韩愈的回答。后来牛元翼突围而出，王庭凑果然不追。于是一场风波，终因为韩愈的勇敢而消弭了。这却是他最后一次的建功。

回朝后，穆宗大喜，把他转为吏部侍郎。所以后人还每每叫他韩吏部呢。

又过了四年，长庆四年（公元八二四年），他年五十七岁，便在京师病逝。他最后的话是：“我大哥最讲卫生，不过活到四十二岁；我向来生活随便，却比他多活十五岁，也应该知足了！生平没有大失节的地方，可以见地下的先人而无愧，这就是我的荣幸。”张籍祭他的诗中更说：“公有旷达识，生死为一纲。及当临终晨，意色亦不荒。赠我珍重言，傲然委衾裳。”他的精神始终是健朗的，一如他的文章是无懈可击的。这便是这个忠实于国家、忠实于朋友、忠实于中国传统文化、忠实于作育人才、忠实于自己创作的卫道战士之最后的写照了！

三十三年[1]十月二日（中秋后一日）写毕，同月四日改。

① 此处为民国三十三年，即1944年。——编者注

附录

编者按

李长之先生所著《韩愈传》一书，原书附有韩愈文章十四篇，原本没有注释。此次再版，特请北京师范大学文学院于天池教授和九三学社中央社史研究中心研究员李书先生加以简要注释，以方便读者阅读和欣赏。在此过程中，得到了北京师范大学李道英教授和赵仁珪教授的帮助，在此一并致谢。

一　原道[1]

博爱之谓仁[2]，行而宜之之谓义[3]，由是而之焉之谓道[4]，足乎己无待于外之谓德[5]。仁与义为定名[6]，道与德为虚位[7]；故道有君子小人[8]，而德有凶有吉[9]。老子之小仁义，非毁之也，其见者小也[10]；坐井而观天[11]，曰天小者，非天小也。彼以煦煦为仁，孑孑为义，其小之也则宜[12]。其所谓道，道其所道，非吾所谓道也；其所谓德，德其所德，非吾所谓德也。凡吾所谓道德云者，合仁与义言之也，天下之公言也；老子之所谓道德云者，去仁与义言之也，一人之私言也。

周道衰[13]，孔子没，火于秦[14]。黄老于汉[15]，佛于晋魏梁隋之间[16]。其言道德仁义者，不入于杨[17]，则入于墨[18]；不入于老[19]，则入于佛[20]；入于彼，必出于此；入者主之，出者奴之；入者附之，出者汙之[21]。噫！后之人其欲闻仁义道德之说，孰从而听之！老者曰：孔子，吾师之弟子也[22]；佛者曰：孔子，吾师之弟子也[23]。为孔子者，习闻其说，乐其诞而自小也，亦曰：吾师亦尝师之云尔[24]；不惟举之于其口，而又笔之于其书。噫！后之人虽欲闻仁义道德之说，其孰从而求之！

甚矣，人之好怪也！不求其端，不讯其末，惟怪之欲闻。古之为民者四，今之为民者六[25]；古之教者处其一[26]，今之教者处其三；农之家一，而食粟之家六；工之家一，而用器之家六；贾之家一，而资焉之家六；奈之何民不穷且盗也！

古之时，人之害多矣！有圣人者立，然后教之以相生养之道[27]。为之君，为之师；驱其虫蛇禽兽，而处之中土[28]；寒，然后为之衣；饥，然后为之食；木处而颠、土处而病也，然后为之宫室；为之工，以赡其器用[29]；为之贾，以通其有无；为之医药，以济其夭死[30]；为之葬埋祭祀，以长其恩爱；为之礼[31]，以次其先后；为之乐，以宣其壹郁[32]；为之政，以率其怠倦[33]；为之刑，以锄其强梗[34]；相欺也，为之符玺斗斛权衡以信之[35]；相夺也，为之城郭甲兵以守之；害至而为之备，患生而为之防。今其言曰：圣人不死，大盗不止；剖斗折衡，而民不争[36]。呜呼！其亦不思而已矣。如古之无圣人，人之类灭久矣。何也？无羽毛鳞介以居寒热也，无爪牙以争食也。

是故君者，出令者也；臣者，行君之令而致之民者也；民者，出粟米麻丝，作器皿，通货财，以事其上者也。君不出令，则失其所以为君；臣不行君之令而致之民，则失其所以为臣；民不出粟米麻丝，作器皿，通货财，以事其上，则诛[37]。今其法曰：必弃而君臣，去而父子，禁而相生养之道：以求其所谓清净寂灭者[38]。呜呼！其亦幸而出于三代之后，不见黜于禹汤文武周公孔子也；其亦不幸而不出于三代之前，不见正于禹汤文武周公孔子也。

帝之与王，其号各殊，其所以为圣一也。夏葛而冬裘，渴饮而饥食，其事殊，其所以为智一也。今其言曰：曷不为太古之无事[39]？是亦责冬之裘者曰：曷不为葛之之易也；责饥之食者曰：

曷不为饮之之易也[40]。

传曰[41]：古之欲明明德于天下者[42]，先治其国；欲治其国者，先齐其家；欲齐其家者，先修其身；欲修其身者，先正其心；欲正其心者，先诚其意。然则古之所谓正心而诚意者，将以有为也[43]。今也，欲治其心而外天下国家[44]；灭其天常[45]，子焉而不父其父，臣焉而不君其君，民焉而不事其事。孔子之作《春秋》也，诸侯用夷礼，则夷之；进于中国，则中国之[46]。经曰：夷狄之有君，不如诸夏之亡[47]。《诗》曰：戎狄是膺，荆舒是惩[48]。今也，举夷狄之法，而加之先王之教之上，几何其不胥而为夷也[49]！

夫所谓先王之教者，何也？博爱之谓仁，行而宜之之谓义，由是而之焉之谓道，足乎己无待于外之谓德。其文《诗》《书》《易》《春秋》，其法礼乐刑政，其民士农工贾，其位君臣父子师友宾主昆弟夫妇，其服麻丝，其居宫室，其食粟米果蔬鱼肉，其为道易明，而其为教易行也。是故以之为己[50]，则顺而祥；以之为人，则爱而公[51]；以之为心，则和而平；以之为天下国家，无所处而不当。是故生则得其情[52]，死则尽其常[53]；郊焉而天神假[54]，庙焉而人鬼飨[55]。曰：斯道也，何道也？曰：斯吾所谓道也，非向所谓老与佛之道也；尧以是传之舜，舜以是传之禹，禹以是传之汤，汤以是传之文武周公，文武周公传之孔子，孔子传之孟轲，轲之死，不得其传焉。荀与扬也，择焉而不精，语焉而不详[56]。由周公而上，上而为君，故其事行[57]；由周公而下，下而为臣，故其说长[58]。然则如之何而可也？曰：不塞不流，不止不行[59]；人其人，火其书，庐其居[60]，明先王之道以道之[61]；鳏寡孤独废疾者有养也[62]，其亦庶乎其可也！

注释：

[1]《原道》选自《韩昌黎集》卷一，与《原性》《原毁》《原仁》《原鬼》诸文都是中国思想史上的重要文献，前人评论说“自诸子以来未有也”。对其写作时间，诸家说法不一，有人认为作于贞元十五年至二十年之间。李长之认为作于永贞元年，也就是韩愈三十八岁时。原道：探求儒家道统的本原。

[2] 博爱：泛爱，爱一切人。

[3] 宜：得体，合乎人情事理。

[4] 是：这里指仁、义。之焉：向前走去。道：道理，道路，这里指按儒家的仁义标准去立身行事。

[5] 足乎己：自我满足，心安理得。无待于外：不需要外力。

[6] 定名：固定的名称。儒家的“仁”“义”都有其客观的实际内容。

[7] 虚位：空位，抽象的东西。指道与德主观色彩较浓，不同学派可有不同解释，可注入不同的内容。

[8] 道有君子小人：“道”有讲仁义的君子之道和不讲仁义的小人之道。

[9] 德有凶有吉：“德”有恶德和美德。

[10] 老子：老聃（dān），姓李名耳，字伯阳，道家学派的代表人物。小仁义：小瞧（轻视）仁义。老子认为仁义是道德被废弃后的产物。《老子》十八章：“大道废，有仁义。”三十八章：“失道而后德，失德而后仁，失仁而后义。”非毁之也：并不是他诋毁仁义。其见者小也：是他视野狭小，见识短浅。

[11] 坐井而观天：语出《尸子》："自井中视星，所见不过数星。自丘上以望，则见始出也。非明益也，势使然也。"

[12] 煦煦：通"妪妪"，柔顺和好的样子，此指只对亲近之人和顺。孑孑：孤独的样子，此指行为特出，与众不同。其小之也则宜：他贬低仁义就是很自然的事了。

[13] 周道衰：周平王东迁以后，渐趋衰微，政令不能通行全国。此处指儒道衰微。

[14] 没：死。孔子死后，诸子百家争鸣，儒家内部也分为八派。火于秦：指秦始皇焚书之事。

[15] 黄老于汉：即黄老之学盛行于汉代。黄：黄帝，本姓公孙氏，名轩辕，曾以武力统一中国，春秋时，人们将黄帝归于道家。汉初，曹参用盖公的学说治国，盖公是当时研究黄老思想的大师，故汉初，黄老之学盛极一时。

[16] 佛于晋魏梁隋之间：指佛教盛行于晋、北魏、梁、隋这几个朝代。

[17] 杨：杨朱，战国时魏国著名思想家，主张"为我"。

[18] 墨：墨翟（dí），即墨子，原为宋国人，后长期居于鲁国，战国时著名思想家，墨家学派创始人。

[19] 老：信奉老子学说的人。

[20] 佛：佛教学说。佛教在东汉明帝时期自印度传入中国，盛行于南北朝之间。

[21] 汙：同"污"，污蔑，诋毁。指对与之不同的学派，则肆意贬低、污蔑。

[22] 老者：指老子学派的人。《史记·孔子世家》《史记·老

子韩非列传》及《孔子家语·观周》《庄子》均有孔子问礼于老子的记载。

[23] 孔子，吾师之弟子也：佛教在中国化的过程中也曾妄称孔子、老子、颜回为佛门三弟子。见《清净法行经》。

[24] 为孔子者：孔门弟子。习闻：听惯了。乐其诞而自小也：赞同其荒诞之说而自己贬低自己。

[25] 今之为民者六：即在古之士、农、工、商四民之外，加上僧侣和道士。韩愈认为僧侣和道士是社会混乱的缘由。

[26] 古之教者处其一：古时专门从事教化的儒士，在四民之中仅处其一。

[27] 相生养之道：指人们互相依赖、互相合作以维持生计、生存发展的规律和方法。

[28] 中土：指适于当时人们生活的中原地带。

[29] 赡：充分供应。器用：指工具。

[30] 济：救。夭死：少壮而死，指非正常死亡。

[31] 礼：此指封建社会的等级制度。

[32] 乐：音乐。壹郁：抑郁，指情志郁塞不抒。

[33] 政：此指管理制度。怠倦：怠惰。

[34] 刑：刑罚。锄：诛灭，铲除。强梗：横暴凶猛（的人）。梗：猛。

[35] 符：符信，凭证。玺：玉制的印信。古时一般人也可以使用，秦以后成为帝王专用印信的名称。斛：十斗为一斛。权：秤砣。衡：秤杆。

[36] “今其言曰”句：语见《庄子·胠箧》。

[37] 诛：责罚，即追究责任给以应得的处罚。一说杀。

[38] 清净寂灭：指佛家所追求的境界。佛家以远离一切罪恶与烦恼为清净。寂灭：熄灭，系梵语“涅槃”的义释。

[39] 曷：同“何”，为什么。太古：远古时代。无事：《老子·恩始》所谓“为无为，事无事”。

[40] 饮之：让他喝水。

[41] 传：解释“经”的文字。下面一段引文出自《礼记·大学》，讲的是修身、齐家、治国、平天下四者之间的关系。

[42] 明明德：弘扬光明的道德。

[43] 有为：指治理国家的作为。

[44] 治其心：指注意自己的思想品德修养。外：这里用作动词，指遗弃，抛弃。

[45] 天常：所谓纲常伦理，指封建社会中人际关系之总和，如君臣、父子、师友、宾主、昆弟、夫妇等伦理纲常关系。

[46] 夷礼：外族、外国之礼仪。则夷之：就把他当夷人看待。进于中国：如诸侯接受“中国”的礼教。中国：指当时中原地区的汉族国家。

[47] 经：此指《论语》，其后引文见《论语·八佾》。夷：古代汉族对东方各少数民族的通称。狄：古代汉族对北方各少数民族的通称。这里泛指外族、外国。诸夏：与上文“中国”同义。诸夏之亡：中国之无君，如周厉王被人民放逐之后，周公、召公共同管理国政，号称共和。

[48]《诗》：指《诗经》。引诗见《诗经·鲁颂·闷宫》。戎狄是膺：打击戎狄。戎：古时汉族对西方各少数民族的通称。膺：抵挡，

打击。荆舒是惩：惩罚荆、舒。荆：春秋时的楚国。舒：春秋时楚国的一个与国。

[49] 夷狄之法：此指从印度传入的佛教之法。先王之教：指儒家礼教。几何：多久。胥：通“与”，相与，全部。为夷：成为不知礼仪的野蛮人。

[50] 以之为己：用先王之道来治己之身。

[51] 爱而公：所谓“博爱之为仁”。

[52] 生则得其情：活着的时候，人与人之间的关系合乎情理，符合封建秩序的要求。

[53] 死则尽其常：人人可以终其天年，丧葬也都合于儒家之礼。

[54] 郊：城外。古代天子祭天在南郊，故称祭天为“郊”。假（gé）：通“格”，至，来。

[55] 庙：在宗庙里祭祀祖先。人鬼：指死去的先辈的灵魂。飨：同“享”，享用。

[56] 荀与扬：荀子与扬雄。择焉而不精：指他们的言论，材料很丰富，但选择得不够精确。语焉而不详：指他们阐述问题过于简略，不够详尽。

[57] 由周公而上：指周公以前的尧、舜、禹、汤、周文王、周武王等。上而为君：以前这些人都是君主。其事行：他们可凭借权力贯彻其政治主张。

[58] 由周公而下：指周公、孔子、孟子、荀子、扬雄等。下而为臣：这些人都是臣子。其说长：他们发展了儒家学说，使之得以长久流传。

[59] 不塞不流：不堵塞佛、老之道，儒家的圣人之道就不能流传。止：废止。行：畅行。

[60] 人其人：让僧徒、道士还俗，恢复他们普通人的本性。火其书：烧毁佛教、道教的经书。庐其居：将佛寺、道观改作民房。

[61] 道之：导之，用先王之道去教导他们。

[62] 鳏寡孤独：出自《孟子·梁惠王下》。"老而无妻曰鳏，老而无夫曰寡，老而无子曰独，幼而无父曰孤。此四者，天下之穷民而无告者，文王发政施仁，必先斯四者。"

二　原性[1]

性也者，与生俱生也；情也者，接于物而生也。性之品有三，而其所以为性者五；情之品有三，而其所以为情者七。

曰：何也？曰：性之品有上中下三。上焉者，善焉而已矣；中焉者，可导而上下也；下焉者，恶焉而已矣。其所以为性者五：曰仁，曰礼，曰信，曰义，曰智。上焉者之于五也，主于一而行于四[2]；中焉者之于五也，一不少有焉，则少反焉，其于四也混[3]，下焉者之于五也，反于一而悖于四[4]。性之于情，视其品，情之品有上中下三，其所以为情者七：曰喜，曰怒，曰哀，曰惧，曰爱，曰恶，曰欲。上焉者之于七也，动而处其中[5]，中焉者之于七也，有所甚，有所亡，然而求合其中者也[6]；下焉者之于七也，亡与甚，直情而行者也[7]。情之于性，视其品[8]。

孟子之言性曰：人之性善[9]。荀子之言性曰：人之性恶[10]。扬子之言性曰：人之性善恶混[11]。夫始善而进恶，与始恶而进善，与始也混而今也善恶，皆举其中而遗其上下者也，得其一而失其二者也。叔鱼之生也，其母视之，知其必以贿死[12]；杨食我之生也，叔向之母闻其号也，知必灭其宗[13]；越椒之生也，子文以为大戚，知若敖氏之鬼不食也[14]；人之性果善乎？后稷之生也，其母无灾，其始匍匐也，则歧歧然、嶷嶷然[15]；文王之在母也，母不忧，既生也，傅不动，既学也，师不烦[16]；人之性果恶乎？尧之朱，舜之均，文王之管蔡，习非不善也，而卒为奸[17]；瞽叟之舜，鲧之禹，习非不恶也，而卒为圣[18]；人之性善恶果混乎？故曰：三子之言性也，举其中而遗其上下者也，得其一而失其二者也。曰：然则性之上下者，其终不可移乎？曰：上之性，就学而愈明；下之性，畏威而寡罪。是故上者可教，而下者可制也，其品则孔子谓不移也[19]。

曰：今之言性者异于此，何也？曰：今之言者，杂佛、老而言也；杂佛、老而言也者，奚言而不异！

注释：

[1]《原性》选自《韩昌黎集》卷一。一般认为它与《原道》等为同一时期的作品。

[2] 主于一而行于四：意为上品之性以一德为主导，而践行其他四德。

[3] 其于四也混：意为中品之性在一德上有时多，有时少，而在其他四个方面不免相混杂。

[4] 反于一而悖于四：意为下品之性在仁、礼、信、义、智五个方面都有悖谬处。

[5] 动而处其中：动情但恰到好处，无有过甚或不及之处。

[6] 求合其中者也：意为中品之性于情，时有过头的地方，也有不及的地方，却也有合乎情理的地方。

[7] 直情而行者也：意为下品之性于情，有的没有，有的过

头，只是任性肆意而为。

[8] 情之于性，视其品：意为情之品格视性之品格的高下而定。

[9] 人之性善：孟子认为人生之初性善。《孟子·告子上》：“人性之善也，犹水之就下也。人无有不善，水无有不下。”

[10] 人之性恶：荀子认为人性本恶。《荀子·性恶》：“人之性恶，其善伪也。”

[11] 人之性善恶混：扬雄认为人性善恶相混杂。《法言·修身》：“人之性也善恶相混。”

[12]“叔鱼之生也”句：见《国语·晋语》：“叔鱼生，其母视之，曰：‘是虎目而豕喙，鸢肩而牛腹，溪壑可盈，是不可餍也，必以贿死。’”后来叔鱼果然由于贿赂被杀。

[13] 杨食我：也称羊舍食我，春秋时晋国大夫羊舌肸（字叔向）之子，其事见《左传》昭公二十八年：“伯石（即杨食我）始生，子容之母走谒诸姑，曰：‘长叔姒生男。’姑视之，及堂，闻其声而还，曰：‘是豺狼之声也，狼子野心，非是莫丧羊舌氏矣。’遂弗视。”杨食我后助叛为乱，族灭。

[14] 越椒：春秋时楚国的令尹，事见《左传》宣公四年：“司马子良生子越椒，子文曰：‘必杀之！是子也，熊虎之状而豺狼之声，弗杀必灭若敖氏矣。谚曰：狼子野心。是乃狼也，其可畜乎？’子良不可。子文以为大戚。及将死，聚其族曰：‘椒也执政，乃速行矣，无及于难！’且泣曰：‘鬼犹求食，若敖氏之鬼不其馁而！’”后越椒为楚所杀，遂灭若敖氏。

[15] 后稷：周之先祖，后为舜的农官。传说后稷生时，其母

很快乐，没有痛苦。后稷刚生下来就能匍匐，坚实站立。事见《诗经·大雅·生民》。岐岐、嶷嶷，形容聪颖早慧。

[16] 文王：名昌，周的创立者。文王事见《国语·晋语》。傅：保姆。不动：言不必操劳。

[17] 朱：丹朱。尧之子，不肖，尧于是将天下交给了舜。均：商均。舜之子，不肖，舜于是将天下交给了禹。事皆见《史记·五帝本纪》。管蔡：即管叔鲜、蔡叔度。文王之子，武王之弟。武王伐纣，二人封于管蔡。成王立，周公辅政，管蔡叛乱，周公讨平之。事见《史记·周本纪》。

[18] 瞽叟：舜之父，不贤。舜母死，瞽叟另娶，生子象。瞽叟爱后妻子，常欲杀舜。事见《史记·五帝本纪》。鲧：禹之父。尧用鲧治水，无功，舜诛鲧于羽山，事见《史记·夏本纪》。

[19] 其品则孔子谓不移也：谓人性之品就是孔子所认为的不可改变。《论语·阳货》："子曰：'惟上知与下愚不移。'"

三　原毁[1]

古之君子，其责己也重以周，其待人也轻以约[2]。重以周，故不怠；轻以约，故人乐为善。闻古之人有舜者，其为人也，仁义人也。求其所以为舜者[3]，责于己曰："彼，人也；予，人也，彼能是，而我乃不能是！"早夜以思[4]，去其不如舜者，就其如舜者。闻古之人有周公者，其为人也，多才与艺人也[5]。求其所以为周公者，责于己曰："彼，人也；予，人也。彼能是，而我乃不能是！"早夜以思，去其不知周公者，就其如周公者。舜，大圣人也，后世无及焉；周公，大圣人也，后世无及焉。是人也[6]，乃曰"不如舜，不如周公，吾之病也[7]"，是不亦责于身者重以周乎！其于人也，曰："彼人也，能有是，是足为良人矣；能善是，是足为艺人矣。"取其一，不责其二；即其新，不究其旧[8]；恐恐然惟惧其人之不得为善之利[9]。一善易修也，一艺易能也，其于人也，乃曰："能有是，是亦足矣。"曰"能善是，是亦足矣"，不亦待于人者轻以约乎！

今之君子则不然：其责人也详，其待己也廉。详，故人难于为善；廉，故自取也少[10]。己未有善，曰："我善是，是亦足矣。"己未有能，曰："我能是，是亦足矣。"外以欺于人，内以欺于心，未少有得而止矣，不亦待其身者已廉乎？其于人也，曰：

“彼虽能是，其人不足称也[11]；彼虽善是，其用不足称也。”举其一，不计其十；究其旧，不图其新；恐恐然惟惧其人之有闻也。是不亦责于人者已详乎！夫是之谓不以众人待其身，而以圣人望于人，吾未见其尊己也。

虽然，为是者有本有原，怠与忌之谓也。怠者不能修[12]，而忌者畏人修。吾尝试之矣，尝试语于众曰：“某良士，某良士。”其应者，必其人之与也[13]；不然，则其所疏远不与同其利者也；不然，则其畏也。不若是，强者必怒于言，懦者必怒于色矣。又尝语于众曰：“某非良士，某非良士。”其不应者，必其人之与也；不然，则其所疏远不与同其利者也；不然，则其畏也。不若是，强者必说于言，懦者必说于色矣。是故事修而谤兴[14]，德高而毁来。呜呼！士之处此世，而望名誉之光，道德之行，难已！

将有作于上者[15]，得吾说而存之，其国家可几而理欤[16]！

注释：

[1] 选自《韩昌黎集》卷十一。这是一篇探讨社会上如何看待毁誉问题的文章。一般认为与《原道》等篇作于相近的时间，即贞元十五六年间。李长之认为作于永贞元年，也就是韩愈三十八岁时。毁：毁谤。

[2] 责己：要求自己。重以周：严格而全面。轻以约：宽容而简单。约：少。《论语·卫灵公》：“子曰：‘躬自厚而薄责于人。’”

[3] 求其所以为舜者：探求舜之所以能成为仁君的原因。其：指舜。

[4] 早夜以思：从早到晚地思索、考虑。《孟子·离娄下》："孟子曰：……舜，人也；我，亦人也。舜为法于天下，可传于后世，我由未免为乡人也。"

[5] 多才与艺人：多才多艺的人。《尚书·金縢》载周公之言有"予仁若考，能多才多艺"。

[6] 是人：指上古之君子。

[7] 病：缺点、毛病。

[8] 即其新，不究其旧：只取其现在的长处，不追究他过去的缺失。

[9] 恐恐然：惶恐小心、提心吊胆的样子。为善之利：做了好事应得到的好处。

[10] 详：详尽、全面。廉：少，要求低。

[11] 称：称道。

[12] 修：指学习、修养。

[13] 与：朋友，同伙。

[14] 事修而谤兴：事情做好了，毁谤也就随之而来。

[15] 有作于上者：指居上位而将有所作为的人。

[16] 可几而理：大概可以治理好了。几：庶几，表示希冀之意，这里是"大概""差不多"之意。

四　读荀[1]

始吾读孟轲书，然后知孔子之道尊，圣人之道易行，王易王[2]，霸易霸也[3]。以为孔子之徒没，尊圣人者，孟氏而已；晚得扬雄书[4]，益尊信孟氏；因雄书而孟氏益尊，则雄者亦圣人之徒欤！

圣人之道不传于世：周之衰，好事者各以其说干时君[5]，纷纷藉藉相乱[6]，六经与百家之说错杂[7]，然老师大儒犹在[8]。火于秦，黄老于汉，其存而醇者，孟轲氏而止耳，扬雄氏而止耳。及得荀氏书，于是又知有荀氏者也。考其辞，时若不粹[9]；要其归[10]，与孔子异者鲜矣；抑犹在轲、雄之间乎！

孔子删《诗》《书》[11]，笔削《春秋》[12]，合于道者著之，离于道者黜去之，故《诗》《书》《春秋》无疵。余欲削荀氏之不合者[13]，附于圣人之籍，亦孔子之志欤！

孟氏，醇乎醇者也[14]；荀与扬，大醇而小疵。

注释：

[1]《读荀》，选自《韩昌黎集》卷一。有人认为作于韩愈为四

门博士期间。李长之认为大概与《读鹖冠子》《读仪礼》《读墨子》同时写作。荀子，名况，战国时赵人，齐襄王时为稷下祭酒，有《荀子》三十二篇行世。

[2] 王易王：施行儒家的王道就不难使天下归服。第一个“王”指王道，以德服人，推行仁政。第二个“王”读 wàng ，动词，称王，统一国家之意。

[3] 霸易霸：诸侯中行儒家建立霸业之道者则易建立霸业。第一个“霸”指霸主。诸侯中的盟主称“霸”，霸主指那些能率领其他诸侯尊王攘夷、救灾恤难的诸侯。第二个“霸”是动词，指建立霸业。

[4] 扬雄：字子云，西汉时蜀人，初好辞赋，晚年埋头著书。仿《论语》作《法言》，仿《易经》作《太玄》，《汉书》有传。

[5] 好事者：此指战国时期除儒家学派之外的其他各学派的人。干时君：求见当时各国的君主，以说服时君实施他们的政治主张。

[6] 纷纷藉藉：多而杂乱的样子。藉藉：狼藉。相乱：指当时思想界纷杂混乱的情况。

[7] 六经：儒家的六部经典著作《诗》《书》《礼》《乐》《易》《春秋》。百家：指诸子百家的著作。错杂：错乱混杂。

[8] 老师大儒：指精通孔子学说的大学者，如子夏、子贡、曾子等，均为孔门弟子。

[9] 时若不粹：有时不纯粹。

[10] 要其归：简要说其宗旨。要：约而言之，综括其主旨。归：归宿，指其学说的精神实质。

[11] 孔子删《诗》《书》：相传孔子删定过《诗经》和《尚书》。

[12] 笔削《春秋》：据《史记·孔子世家》载，孔子删修过鲁国的编年史书《春秋》。削：删削原文，有所改定。

[13] 削荀氏之不合者：削去《荀子》中不合于孔孟思想的言论，即“离于道者”，这里主要指荀子的性恶说。

[14] 醇乎醇：犹言精纯之至。

五 师说[1]

古之学者必有师[2]。师者，所以传道授业解惑也[3]。人非生而知之者[4]，孰能无惑？惑而不从师，其为惑也，终不解矣。生乎吾前，其闻道也固先乎吾，吾从而师之；生乎吾后，其闻道也亦先乎吾，吾从而师之。吾师道也[5]，夫庸知其年之先后生于吾乎[6]？是故无贵无贱，无长无少，道之所存，师之所存也。

嗟乎！师道之不传也久矣[7]！欲人之无惑也难矣！古之圣人，其出人也远矣[8]，犹且从师而问焉；今之众人，其下圣人也亦远矣[9]，而耻学于师。是故圣益圣，愚益愚。圣人之所以为圣，愚人之所以为愚，其皆出于此乎？爱其子，择师而教之；于其身也[10]，则耻师焉，惑矣[11]。彼童子之师，授之书而习其句读者，非吾所谓传其道解其惑者也[12]。句读之不知，惑之不解，或师焉，或不焉[13]，小学而大遗，吾未见其明也[14]。巫医乐师百工之人，不耻相师[15]。士大夫之族，曰师曰弟子云者[16]，则群聚而笑之。问之，则曰："彼与彼年相若也[17]，道相似也，位卑则足羞[18]，官盛则近谀[19]。"呜呼！师道之不复，可知矣[20]。巫医乐师百工之人，君子不齿[21]，今其智乃反不能及，其可怪也欤！

圣人无常师[22]。孔子师郯子、苌弘、师襄、老聃[23]。郯子之徒，其贤不及孔子。孔子曰：三人行，则必有我师[24]。是故弟子不必不如师，师不必贤于弟子，闻道有先后，术业有专攻[25]，如是而已。

李氏子蟠[26]，年十七，好古文，六艺经传皆通习之[27]，不拘于时[28]，学于余。余嘉其能行古道[29]，作《师说》以贻之[30]。

注释：

[1]《师说》选自《韩昌黎集》卷十二。一般认为写于唐德宗贞元十八年，韩愈在长安四门博士任上。柳宗元在《答韦中立论师道书》中说："今之世不闻有师，有辄哗笑之，以为狂人，独韩愈奋不顾流俗，犯笑侮，收召后学，作《师说》，因抗颜而为师。世果群怪聚骂，指目牵引，而增与为言词，愈以是得狂名。"说：古代议论文的一种。师说：即关于求师问学的议论。

[2] 学者：求学的人。

[3] 道：指儒家所说的修身、齐家、治国、平天下的学说。授业：指传授古文六艺的学业。解惑：解除困惑。

[4] 生而知之者：天生就懂得知识和道理的。《论语·季氏》："孔子曰：'生而知之者，上也。'"韩愈此处未拘泥于孔子的说法。

[5] 吾师道：我所学习的是"道"。

[6] 庸知其：哪管他。

[7] 师道：指尊师求学的良好风尚。

[8] 出人：超出常人。

[9] 下圣人：低于圣人。

[10] 于其身：对其自身。

[11] 惑矣：糊涂，迷惑无知。

[12] 习其句读：教习学生读书断句。句：书中文句语意尽处谓之“句”。读：音 dòu ，书中语意未尽而诵读时必须停顿处谓之“读”。

[13] 不：同“否”。以上四句的关系是：句读之不知，或师焉；惑之不解，或不焉。

[14] 小学而大遗：小的知识学了而大的疑难问题却遗弃了。明：明智，明白道理、得失。

[15] 巫医：古代巫和医不分，故并举。巫：主要以祝祷、占卜等为业，也为人治病。乐师：以弹奏乐器为职业的人。百工：各种工匠。不耻相师：不以互相拜师求学为耻。

[16] 士大夫之族：士大夫这类人。士大夫：士与大夫原为古代两种官称，后世合称，指那些家庭世代为官的知识阶层。曰师曰弟子云者：说谁是谁的老师、谁是谁的学生之类的话。

[17] 年相若：年龄相近。

[18] 位卑则足羞：以地位比自己低下的人为师，则感到羞耻。

[19] 官盛则近谀：以官位高的人为师，则又近于谄媚阿谀。官盛：官大，地位高。

[20] 师道之不复：古时从师求学之道不能再恢复。

[21] 齿：并列，并排。不齿：羞与为伍。

[22] 常师：固定的老师。《论语·子张》：“夫子焉不学？而亦何常师之有？”

[23] 郯子：春秋时郯（tán）国（故址在今山东省郯城县）的国君，孔子曾向他请教古代少昊氏“以鸟命官”的问题（见《左

传·昭公十七年》)。苌弘：周敬王时的大夫。孔子至周，曾向他请教过有关音乐的问题(见《史记·乐书》)。师襄：春秋时鲁国乐官，孔子曾向他学习弹琴(见《史记·孔子世家》)。老聃：即老子李耳，孔子曾向他问过礼(见《史记·孔子世家》)。

[24] 三人行，则必有我师：三人同行，其中一定有可作我老师的人。《论语·述而》："子曰：'三人行，必有我师焉。择其善者而从之，其不善者而改之。'"

[25] 术业：指学问和各种技艺。专攻：专门学习或研究。

[26] 李氏子蟠：即李蟠，韩愈弟子，贞元十九年(公元八〇三年)进士。

[27] 六艺：即儒家的六经《诗》《书》《礼》《乐》《易》《春秋》。经：六经之正文。传：解释经文的著作。通习：全部学习。

[28] 不拘于时：不受当时社会上不从师风气的影响。

[29] 嘉：赞许。古道：古人从师求学之正道。

[30] 贻：音 yí ，赠。

六　画记[1]

杂古今人物小画共一卷[2]：骑而立者五人，骑而被甲载兵立者十人[3]，一人骑执大旗前立，骑而被甲载兵行且下牵者十人，骑且负者二人[4]，骑执器者二人，骑拥田犬者一人[5]，骑而牵者二人，骑而驱者三人，执羁靮立者二人[6]，骑而下倚马臂隼而立者一人[7]，骑而驱涉者二人[8]，徒而驱牧者二人[9]，坐而指使者一人，甲胄手弓矢鈇钺植者七人[10]，甲胄执帜植者十人[11]，负者七人，偃寝休者二人[12]，甲胄坐睡者一人，方涉者一人，坐而脱足者一人，寒附火者一人[13]，杂执器物役者八人[14]，奉壶矢者一人[15]，舍而具食者十有一人[16]，挹且注者四人[17]，牛牵者二人[18]，驴驱者四人[19]，一人杖而负者[20]，妇人以孺子载而可见者六人，载而上下者三人[21]，孺子戏者九人；凡人之事三十有二[22]，为人大小百二十有三，而莫有同者焉。

马大者九匹，于马之中又有上者，下者，行者，牵者，涉者，陆者[23]，翘者[24]，顾者，鸣者，寝者，讹者[25]，立者，人立[26]者，龁者，饮者，溲者[27]，陟者[28]，降者，痒磨树者，嘘者[29]，嗅者，喜相戏者，怒相踶啮者[30]，秣者[31]，骑者，骤者，走者[32]，载服物者[33]，载狐兔者；凡马之事二十有七，为马大小八十有三，而莫有同者焉。

牛大小十一头，橐驼三头[34]，驴如橐驼之数，而加其一焉。隼一，犬羊狐兔麋鹿共三十，旃车三两[35]，杂兵器弓矢旌旗刀剑矛楯弓服矢房甲胄之属[36]，瓶盂簦笠筐筥锜釜饮食服用之器[37]，壶矢博弈之具[38]，二百五十有一，皆曲极其妙。

贞元甲戌年[39]，余在京师甚无事，同居有独孤生申叔者[40]，始得此画而与余弹棋，余幸胜而获焉[41]。意甚惜之，以为非一工人之所能运思[42]，盖丛集众工人之所长耳，虽百金不愿易也。明年出京师，至河阳[43]，与二三客论画品格，因出而观之，座有赵侍御者[44]，君子人也，见之，戚然若有感然，少而进曰[45]："噫！余之手摹也，亡之且二十年矣[46]！余少时常有志乎兹事，得国本，绝人事而摹得之[47]，游闽中而丧焉[48]，居闲处独，时往来余怀也[49]；以其始为之劳而夙好之笃也[50]；今虽遇之，力不能为已[51]！且命工人存其大都焉[52]。"余既甚爱之，又感赵君之事，因以赠之，而记其人物之形状与数，而时观之，以自释焉[53]。

注释：

[1]《画记》选自《韩昌黎集》卷二，作于唐德宗贞元十一年。时韩愈三试于吏部卒无成，返归河阳旧居。

[2] 杂：聚集。人物：人与其他物品。共一卷：共同绘在一幅画卷上。

[3] 被：同"披"，穿着。载兵：带着兵器。载：同"戴"，负荷。

[4] 负：背着东西。

[5] 拥：拥有，带着。田犬：猎犬。田：同“畋”。

[6] 执羁靮立者：牵着马缰绳站着的人。羁：马笼头。靮：音 dí ，马缰绳。

[7] 臂隼：手臂上架着隼。隼：音 sǔn ，即鹘，与鹰同类大小，性凶猛，喜搏击鸟类及其他动物。

[8] 驱涉：策马过河。涉：涉水过河。

[9] 徒而驱牧：步行放牧。

[10] 甲：披铠甲。胄：戴头盔。手弓矢：手持弓箭。鈇：古代兵器，像斧，比斧大。钺：大斧。植：立，直立于地。

[11] 执帜植者：拿旗子而竖立于地的人。

[12] 偃寝：仰卧。休：休息。

[13] 附火：靠近火，即烤火取暖。

[14] 杂执器物役者：拿着各种器具服役当差的人。

[15] 奉：同“捧”。壶矢：古代做投壶游戏的器具。其方法是将矢投入壶口，以投入多少分胜负。见《礼记·投壶》。

[16] 舍而具食：在屋下做饭。舍：房屋，此指屋下。

[17] 挹且注：汲取并将水（酒）倒入容器。挹：音 yì ，汲取。注：注入，倒入。

[18] 牛牵：牵牛。

[19] 驴驱：驱赶驴。

[20] 杖而负：拄着拐杖负重。

[21] 以：与。载（第一个）：这里是带着的意思。载而上下：指背着、抱着或拉着。

[22] 凡：总共。人之事：人们活动之事。

[23] 陆：亦作“踛”，跳跃。

[24] 翘：马蹄子抬高。

[25] 讹：同“吪”，活动，抖动。

[26] 人立：像人一样站着。

[27] 龁：音 hé ，咬，此指吃草。溲：音 sōu ，便溺。

[28] 陟：登高。

[29] 嘘：舒缓吐气。

[30] 怒相踶啮：发怒并且相互足踢口咬。踶：用蹄子踢、踏。啮：咬。

[31] 秣：本指马料，此处用作动词，吃马料。

[32] 走：跑。

[33] 服物：衣服和其他物品。

[34] 橐驼：骆驼。

[35] 旃车：插着赤色曲柄旗子的车，是招集士众的标志。旃：音 zhān ，一种赤色曲柄旗。一说旃车即毡车。两：即“辆”。

[36] 楯：通“盾”。服：一作“箙”，盛弓的器具。矢房：装箭的筒子，或箭囊。属：类。

[37] 簦：音 dēng ，古时有柄的笠，其状如伞。笠：斗笠，竹编的雨具。筥：音 jǔ ，圆形竹筐。锜：音 qí ，有三足的锅。

[38] 博：一种赌博的游戏。弈：围棋。

[39] 贞元甲戌年：唐德宗贞元十年（公元七九四年）。

[40] 独孤生申叔者：独孤申叔，字子重，贞元十三年（公元七九七年）进士，贞元十八年（公元八〇二年）卒，韩愈为其撰写《独孤申叔哀辞》。

[41] 弹棋：古时一种棋类游戏，可以胜负赌输赢。幸盛而获焉：侥幸取胜而赢得此画。

[42] 运思：构思。

[43] 河阳：韩愈的家乡，即今河南省孟州市。

[44] 侍御：侍御史，掌管纠弹百官及受理冤讼。

[45] 少：同“稍”，即停了一会儿。进：进言。

[46] 亡：丢失。且：将近。

[47] 国本：国手所绘之本，一说国库所藏画本。绝人事：谢绝一切往来应酬。摹：描绘，摹绘。

[48] 闽中：今福建省一带。丧：丢失。

[49] 时往来余怀：我心中时常忆念这幅画。往来：反复出现。

[50] 以：因。夙好：一贯喜好。

[51] 已：通“矣”。力不能为已：已无力再摹画一幅了。

[52] 且：将。命：让，使。大都：大略，大概。

[53] 而时观之，以自释焉：时常拿出此文来看看，以消除自己对这幅画的思念。自释：自我宽慰。

七　重答张籍书[1]

吾子不以愈无似[2]，意欲推而纳诸圣贤之域[3]，拂其邪心[4]，增其所未高，谓愈之质，有可以至于道者。浚其源[5]，导其所归，溉其根，将食其实，此盛德者之所辞让[6]，况于愈者哉[7]！抑其中有宜复者[8]，故不可遂已[9]。

昔者圣人之作《春秋》[10]也，既深其文辞矣[11]，然犹不敢公传道之[12]，口授弟子，至于后世，然后其书出焉，其所以虑患之道微也[13]。今夫二氏之所宗而事之者[14]，下乃公卿辅相[15]，吾岂敢昌言排之哉[16]！择其可语者诲之[17]，犹时与吾悖[18]，其声哓哓[19]；若遂成其书，则见而怒之者必多矣。必且以我为狂为惑，其身之不能恤[20]，书于吾何有！夫子，圣人也，且曰："自吾得子路，而恶声不入于耳。"[21]其余辅而相者周天下[22]，犹且绝粮于陈，畏于匡，毁于叔孙[23]，奔走于齐鲁宋卫之郊，其道虽尊，其穷也亦甚矣；赖其徒相与守之，卒有立于天下。向使独言之而独书之，其存也可冀乎[24]！

今夫二氏行乎中土也，盖六百年有余矣！其植根固[25]，其流波漫[26]，非所以朝令而夕禁也。自文王没，武王周公成康相与守之，礼乐皆在，及乎夫子未久也，自夫子而及乎孟子未久也，自孟子而及乎扬雄亦未久也，然犹其勤若此，其困若此，而后能有所立[27]，吾其可易而为之哉！其为也易，则其传也不远，故余所以不敢也。

然观古人得其时，行其道，则无所为书[28]；书者，皆所为不行乎今，而行乎后世者也。今吾之得吾志、失吾志未可知，俟五六十为之[29]，未失也。天不欲使兹人有知乎，则吾之命不可期[30]；如使兹人有知乎，非我其谁哉[31]！其行道，其为书，其化今，其传后，必有在矣。吾子其何遽戚戚于吾所为哉[32]！

前书谓吾与人商论，不能下气，若好胜者然。虽诚有之，抑非好己胜也，好己之道胜也；非好己之道胜也，己之道乃夫子孟轲扬雄所传之道也；若不胜，则无以为道，吾岂敢避是名哉！夫子之言曰："吾与回言，终日不违如愚[33]。"则其与众人辨也有矣。驳杂之讥，前书尽之，吾子其复之[34]！昔者夫子犹有所戏，诗不云乎："善戏谑兮，不为虐兮。[35]"记曰[36]："张而不弛，文武不能也[37]。"恶害于道哉！吾子其未之思乎？

孟君将有所适，思与吾子别，庶几一来。愈再拜。

注释：

[1]《重答张籍书》选自《韩昌黎集》卷十四。张籍，字文昌，原籍吴郡，生长于和州（今安徽马鞍山和县），中唐著名诗人，与韩愈相识于汴州。张籍曾致书韩愈"喜博塞及为驳杂之说，论议好胜人，其排释老不能著书若孟轲扬雄以垂世"，前后两书，其第二书云："籍不以其愚，辄进说于执事，执事以导进之分，复赐还答，曲折教之，使昏塞者不失其明；然犹有所见，愿复于

执事，以毕其说焉。夫老、释惑乎生人久矣，诚以世相沿化，而莫之知，所以久惑乎耳。执事才识明旷，可以任著书之事，故有告焉。今以为言谕之不入，则观书亦无所得，为此而止，未为至也。夫处一位，在一乡，其不知圣人之道，可以言谕之；谕之不入乃舍之；犹有已化之者为证也。天下之广，民事至众，岂可资一人之口而亲谕之者？近而不入则舍之，远而有可谕者，又岂可家至而说之乎？故曰：莫若为书，为书而知者则可以化乎天下矣，可以传于后世矣。若以不入者而止为书，则于圣人之道奚传焉？士之壮也，或从事于要剧，或旅游而不安宅，或偶时之丧乱，皆不遑有所为；况有疾疢吉凶虞其间哉？是以君子汲汲于所欲为，恐终无所显于后；若皆待五六十而后有所为，则或有遗恨矣。今执事虽参于戎府，当四海弭兵之际，优游无事，不以此时著书，而曰俟后，或有不及，曷可追乎？天之与人性度已有器也，不必老而后有成立者。昔颜子之'庶几'，岂待五六十乎？执事目不睹圣人而究圣人之道，才不让颜子矣。今年已逾之，曷惧于年未至哉？颜子不著书者，以其从圣人之后，圣人已有定制故也；若颜子独立于世，必有所云著也。古之学君臣父子之道必资于师，师之贤者，其徒数千人，或数百人；是以没则纪其师之说以为书，若孟轲者是已；传者犹以孟轲自论集其书，不云没后其徒为之也。后轲之世，发明其学者扬雄之徒咸自作书；今师友道丧，浸不及扬雄之世，不自论著以兴圣人之道，欲待孟轲之门人，必不可冀矣。君子发言举足，不远于理，未尝闻以驳杂无实之说为戏也。执事每见其说，亦拊抃呼笑，是挠气害性不得其正矣。苟止之不得，曷所不至焉！或以为中不失正，将以苟悦于众，是戏人也，是玩人也，非示人以义之道也。”

[2] 无似：不肖，不成材。

[3] 意欲推而纳诸圣贤之域：打算把我放在诸位圣贤的范围里。

[4] 拂其邪心：去掉他不好的。拂：拂拭。邪心：这里指不正确的想法。

[5] 浚：疏通。

[6] 此盛德者之所辞让：这是有高尚道德的人都不敢当的。

[7] 况于愈者哉：况且对于像我这样的人呢！

[8] 抑其中有宜复者：但由于其中有应该回复的。

[9] 故不可遂已：所以就勉为其难给以答复。遂已：由着性子。

[10] 圣人：孔子。

[11] 深其文辞：使它(《春秋》)的文辞艰深。司马迁《史记·太史公自序》：“夫《春秋》上明三王之道，下辨人事之纪，别嫌疑，明是非，定犹豫，善善恶恶，贤贤贱不肖，存亡国，继绝世，补弊起废，王道之大者也。”

[12] 公传道之：公然宣传它。

[13] 虑患：担心。之道：儒家的道理。之：指示代词，那个。微：微薄，小。

[14] 二氏：佛教和道教。宗而事之：信仰和侍奉的。

[15] 下乃公卿辅相：下到大臣们。公卿辅相：指上层官僚。这是半句话，言外之意是上至天子如何如何。

[16] 昌言排之：明目张胆地加以攻击。排：抨击。

[17] 择其可语者诲之：选择可以讲的话加以教诲。

[18] 犹时与吾悖：况且形势与我的意见相左。悖：不一致。

[19] 哓哓：由于害怕而乱喊乱叫，此指争辩声。

[20] 身之不能恤：自身难保。恤：照顾，救济。

[21] 自吾得子路，而恶声不入于耳：语出《史记·仲尼弟子列传》，原句为“自吾得由，恶言不闻于耳”。韩愈引用这句话的意思是即使是孔子这样的圣人也一直有人骂。子路：孔子的弟子，以勇武直率著称。裴骃集解引王肃曰：“子路为孔子侍卫，故侮慢之人不敢有恶言，是以恶言不闻于孔子耳。”

[22] 辅而相者周天下：当大官的遍于国中。辅而相者，辅佐天子的官。据《史记·仲尼弟子列传》，孔子弟子中唯子贡相于鲁卫，其他弟子不过大夫邑宰而已。

[23] 绝粮于陈：见《论语·卫灵公》。畏于匡：见《论语·子罕》，并见《史记·孔子世家》。毁于叔孙，见《论语·子张》：“叔孙武叔毁仲尼。子贡曰：‘无以为也，仲尼不可毁也……’”叔孙武叔，鲁大夫。

[24] 冀：希冀，指望。

[25] 植根固：基础牢固。

[26] 流波漫：影响大。漫：弥漫。

[27]“有所立”句：言儒家思想继承有序，去古未远，尚且经过了艰苦奋斗的过程才能有所成就。

[28] 无所为书：有没有著书关系不大。

[29] 俟：等待。

[30]“吾之命不可期”句：大意为上天如果不想要让那些人明

白道理的话，那么我的寿命就会不可期量。

[31]“非我其谁”句：大意为如果上天真的要让那些人明白，那么除了我能是谁呢。

[32] 戚戚：急促的样子。《汉书 · 李寻传》：“治国故不可以戚戚，欲速则不达。”

[33] 吾与回言，终日不违如愚：语出《论语 · 为政》。

[34] 复：在这里是再看看的意思。韩愈在给张籍的前一封信中已经回答了张籍的责难：“吾子又讥吾与人人为无实驳杂之说，此吾所以为戏耳。”(《答张籍书》)

[35] 善戏谑兮，不为虐兮：语见《诗经·卫风·淇奥》。朱熹注：“戏谑，非庄厉之时，皆常情所忽而易致过差之地也，然犹可观而必有节焉。则其动容周旋之间，无适而非礼，亦可见矣。”

[36] 记：《礼记》。

[37] 张而不弛，文武不能也：语出《礼记·杂记下》。郑玄注：“张弛，以弓弩喻人也。弓弩久张之则绝其力，久弛之则失其体。”

八　答李翊书[1]

六月二十六日，愈白。李生足下[2]：生之书，辞甚高，而其问何下而恭也[3]！能如是，谁不欲告生以其道[4]。道德之归也有日矣，况其外之文乎[5]！抑愈所谓望孔子之门墙而不入于其宫者，焉足以知是且非邪[6]！虽然，不可不为生言之。

生所谓立言者是也[7]。生所为者与所期者，甚似而几矣[8]。抑不知生之志蕲胜于人而取于人邪[9]。将蕲至于古之立言者邪？[10]蕲胜于人而取于人，则固胜于人而可取于人矣；将蕲至于古之立言者，则无望其速成，无诱于势利[11]，养其根而俟其实[12]，加其膏而希其光[13]，根之茂者其实遂，膏之沃者其光晔[14]。仁义之人，其言蔼如也[15]。

抑又有难者，愈之所为，不自知其至犹未也[16]；虽然，学之二十余年矣。始者非三代两汉之书不敢观[17]，非圣人之志不敢存，处若忘，行若遗，俨乎其若思，茫乎其若迷[18]。当其取于心而注于手也[19]，惟陈言之务去[20]，戛戛乎其难哉[21]！其观于人，不知其非笑之为非笑也。如是者亦有年，犹不改，然后识古书之正伪[22]，与虽正而不至焉者[23]，昭昭然白黑分矣[24]，而务去之，乃徐有得也。当其取于心而注于手也，汩汩然来矣[25]！其观于人也，笑之则以为喜，誉之则以为忧，以其犹有人之说者存也[26]。如是者亦有年，然后浩乎其沛然矣[27]。吾又惧其杂也，迎而距之[28]，平心而察之，其皆醇也，然后肆焉[29]。虽然，不可以不养也[30]；行之乎仁义之途[31]，游之乎《诗》《书》之源[32]，无迷其途，无绝其源，终吾身而已矣。气，水也；言，浮物也。水大而物之浮者，大小毕浮；气之与言犹是也，气盛则言之短长与声之高下者皆宜[33]。虽如是，其敢自谓几于成乎[34]？虽几于成，其用于人也奚取焉[35]？虽然，待用于人者，其肖于器邪[36]？用与舍属诸人[37]。君子则不然，处心有道[38]，行己有方[39]，用则施诸人，舍则传诸其徒，垂诸文而为后世法[40]，如是者其亦足乐乎？其无足乐也。有志乎古者希矣[41]，志乎古必遗乎今[42]，吾诚乐而悲之[43]，亟称其人，所以劝之[44]，非敢褒其可褒而贬其可贬也[45]。问于愈者多矣，念生之言不志乎利[46]，聊相为言之。愈白。

注释：

[1]《答李翊书》选自《韩昌黎集》卷十六，为韩愈在德宗贞元十七年夏秋之间作。李翊，贞元十八年进士，生平事迹不详。

[2] 足下：对同辈、朋友的尊称。

[3] 辞甚高：指李翊的文辞远高于一般人。下而恭：谦虚恭敬。

[4] 告生以其道：以其道告生。

[5] 道德之归也有日：道德之归于李翊已指日可待。归：归

宿。其外之文：道德之外部表现形式文章。韩愈认为文章是道德的一种表现形式。

[6] 抑：转折连词，不过，可是。望孔子之门墙而不入于其宫：谦称自己对儒家之道还是个未能登堂入室的门外汉。语见《论语·子张》："夫子之墙数仞，不得其门而入，不见宗庙之美，百官之富。"焉足以知是且非：怎知其是非。

[7] 立言：著书立说。

[8] 所为者：所做的。所期者：所期望的。甚似而几：很相符合而且差不多了。

[9] 蕲：同"祈"，祈求，希望。胜于人：超过当时一般的知识分子。取于人：被别人学习和承认。

[10] 古之立言者：古代儒家著书立言的人。

[11] 无诱于势利：不要为眼前的势利所诱惑。

[12] 根：比喻学问、道德的修养。实：果实，比喻立言之文。

[13] 膏：油脂。希：希望。光：光亮。

[14] 遂：长得好，顺利成熟。沃：充足，此指多。晔：音 yè ，明亮。

[15] 蔼如：和气可亲的样子。

[16] 不自知：自己也不知道。至犹未也：达到还是没有达到。

[17] 三代：夏、商、周。两汉：西汉、东汉。

[18] 处若忘：坐下来就像忘掉了自己。行若遗：走路时也若有所失。俨乎其若思：严肃认真地好像在思考。茫乎其若迷：茫然好像迷路的样子。

[19] 取于心：心中想着，指构思。注于手：下笔书写，指

作文。

[20] 惟陈言之务去：惟务去陈言。陈言：陈词滥调。

[21] 戛戛：吃力的样子。戛：音 jiá。

[22] 正伪：真假，或正统与非正统。

[23] 虽正而不至：虽然属于正统儒家但不够完美。

[24] 昭昭然：明白清晰的样子。

[25] 汩汩然：水流急速的样子。比喻文思泉涌。

[26] 犹有人之说者存也：还有在乎别人的好恶之心存在。

[27] 浩乎其沛然：喻文章内容丰富，气势奔放。浩乎：广大的样子。沛然：充盛的样子。

[28] 迎而距之：意谓试图从反面去批驳自己的文章，以验其是否精纯。迎：迎接。距：同“拒”，抗拒。

[29] 察：审视。醇：通“纯”，纯正，无杂质。肆：放开，放纵，尽情发挥。

[30] 不可以不养：不可以不注意培养和充实自己。

[31] 行之乎仁义之途：在儒家“仁义”的道路上前进。

[32] 游之乎《诗》《书》之源：在《诗》《书》等儒家思想的源泉中遨游。《诗》《书》:《诗经》《书经》(《尚书》)，泛指儒家经典。

[33] 气盛：指文章思想纯正，内容丰富。宜：恰当，合适。

[34] 几于成：几乎达到完美无缺的地步。

[35] 用于人：对于世俗之人。奚取：有何可取之处。

[36] 肖于器：像一件有固定用处的器具。

[37] 用与舍：用与不用。属诸人：完全取决于别人。

[38] 处心有道：心中有主见，即以儒家的仁义道德来思考

问题。

[39] 行己有方：行动有准则。

[40] 垂诸文而为后世法：写成文章传于后世并为后世所效法。

[41] 希：同“稀”，少。

[42] 遗乎今：被当今世俗之人所遗弃。

[43] 吾诚乐而悲之：我实在为志于古的人既高兴又悲伤。

[44] 劝之：劝勉、鼓励他们。

[45] 非敢褒其可褒而贬其可贬也：不敢随便褒奖自己认为可褒奖的人，贬斥自己认为可贬斥的人。

[46] 不志乎利：用心不在求利。

九　送李愿归盘谷序[1]

太行之阳有盘谷[2]。盘谷之间，泉甘而土肥，草木丛茂，居民鲜少。或曰：“谓其环两山之间，故曰盘。”或曰：“是谷也，宅幽而势阻[3]，隐者之所盘旋[4]。”友人李愿居之。

愿之言曰：“人之称大丈夫者，我知之矣。利泽施于人[5]，名声昭于时[6]。坐于庙朝，进退百官[7]，而佐天子出令。其在外，则树旗旄[8]，罗弓矢[9]，武夫前呵[10]，从者塞途，供给之人，各执其物，夹道而疾驰。喜有赏，怒有刑。才畯满前[11]，道古今而誉盛德，入耳而不烦。曲眉丰颊[12]，清声而便体[13]，秀外而慧中[14]，飘轻裾，翳长袖[15]，粉白黛绿者，列屋而闲居，妒宠而负恃，争妍而取怜[16]。大丈夫之遇知于天子，用力于当世者之所为也。吾非恶此而逃之，是有命焉，不可幸而致也[17]。

“穷居而野处，升高而望远，坐茂树以终日，濯清泉以自洁。采于山，美可茹[18]；钓于水，鲜可食。起居无时，惟适之安[19]。与其有誉于前，孰若无毁于其后[20]；与其有乐于身，孰若无忧于其心。车服不维[21]，刀锯不加[22]，理乱不知[23]，黜陟不闻[24]。大丈夫不遇于时者之所为也。我则行之。

“伺候于公卿之门，奔走于形势之途[25]，足将进而趑趄[26]，口将言而嗫嚅[27]，处秽污而不羞，触刑辟而诛戮[28]，侥幸于万一，老死而后止者，其于为人贤不肖何如也[29]？”

昌黎韩愈，闻其言而壮之[30]，与之酒而为之歌曰：“盘之中，维子之宫[31]。盘之土，可以稼[32]。盘之泉，可濯可沿。盘之阻[33]，谁争子所？窈而深，廓其有容[34]；缭而曲，如往而复。嗟盘之乐兮，乐且无殃[35]。虎豹远迹兮，蛟龙遁藏。鬼神守护兮，呵禁不祥[36]。饮则食兮寿而康，无不足兮奚所望？膏吾车兮秣吾马[37]，从子于盘兮，终吾生以徜徉[38]。”

注释：

[1]《送李愿归盘谷序》选自《韩昌黎集》卷十九。本文写于唐德宗贞元十七年，时韩愈脱汴、徐之乱闲居洛阳。李愿：隐士，生平事迹不详。盘谷：今河南省济源市太行山附近。序：文体的一种，这里是赠序，即临别赠言。

[2] 太行之阳：太行山之南麓。

[3] 宅幽：位置幽深僻静。势阻：地势险阻。

[4] 盘旋：盘桓，流连徘徊。

[5] 利泽：利益、恩泽。人：指百姓。

[6] 昭：显赫。

[7] 坐于庙朝：指在朝廷做官，参与国家大事。庙：宗庙，古时命官、议事等重大政治活动，常在祖庙进行。

[8] 旄：旗的一种，在旗杆上饰有牦牛尾或鸟羽，多为仪仗之用。

[9] 罗：罗列。弓矢：代指兵器。

[10] 呵：吆喝。

[11] 才畯满前：有才能的人聚集在他的面前。畯：同“俊”。

[12] 曲眉丰颊：弯弯的眉毛，丰满的面颊。

[13] 便体：体态轻盈。便：音 pián ，轻盈。

[14] 慧中：内心聪慧。

[15] 裾：衣服的后襟。一说为前襟。翳长袖：用长袖来遮掩身体。此写歌舞侍女们的衣着。

[16] 争妍：争宠斗艳。取怜：取得达官的宠爱。

[17] 不可幸而致也：不能侥幸得到这一切。

[18] 茹：吃。

[19] 惟适之安：怎样做舒适就怎样做。

[20]“与其”句：与其生前得到称誉，怎么比得上死后不受毁谤。一说与其当面受到称誉，怎么比得上背后不受毁谤。

[21] 车服不维：不受官爵的束缚。车服：车马和服饰，此代指官爵。维：维系，束缚。

[22] 刀锯不加：各种刑罚落不到自己身上。刀锯：古代的刑具，此指刑戮之事。

[23] 理乱不知：不打听国家的治乱。理：治。

[24] 黜陟不闻：不在意朝臣官位的升降。黜：降官。陟：音 zhì ，升官。

[25] 奔走于形势之途：奔波于势力场上。形势：权势，即权力强弱盛衰之势。

[26] 趑趄：音 zī jū ，想前进而又不敢迈步的样子。

[27] 嗫嚅：音 niè rú ，想说话而又不敢开口、吞吞吐吐的

样子。

[28] 触刑辟而诛戮：触犯刑法而被杀。辟：法。

[29] 不肖：不贤。

[30] 昌黎韩愈：韩愈是河内郡河阳县人，这里称“昌黎”当系郡望。昌黎韩氏为大姓，韩愈故遂称之。

[31] 维：虚字。宫：居室。

[32] 稼：种谷，此处泛指种庄稼。

[33] 阻：曲折。

[34] 廓其有容：空廓宽敞，容量很大。

[35] 殃：灾祸。一本作“央”，无央：无尽，无穷。

[36] 呵禁：呵斥禁止。不祥：指妖魅等害人之物。

[37] 膏：音 gào ，此处用作动词，给车轴上加油使之润滑轻便。秣：本指马料，这里用作动词，即喂马料。

[38] 徜徉：音 cháng yáng ，自由自在，随意徘徊游荡。

一〇　祭河南张员外文[1]

维年月日，彰义军行军司马守太子右庶子兼御史中丞韩愈[2]，谨遣某乙以庶羞清酌之奠[3]，祭于亡友故河南县令张十二员外之灵。

贞元十九，君为御史。余以无能，同诏并峙[4]。君德浑刚，标高揭己[5]。有不吾如，唾犹泥滓[6]。余戆而狂[7]，年未三纪[8]。乘气加人[9]，无挟自恃[10]。

彼婉娈者[11]，实惮吾曹。侧肩帖耳，有舌如刀。我落阳山[12]，以尹鼯猱[13]。君飘临武[14]，山林之牢[15]。岁弊寒凶[16]，雪虐风饕[17]。颠于马下[18]，我泗君咷[19]。夜息南山，同卧一席。守隶防夫，觝顶交跖[20]。洞庭漫汗[21]，粘天无壁[22]。风涛相豗[23]，中作霹雳。追程盲进[24]，帆船箭激。南上湘水，屈氏所沉[25]。二妃行迷，泪踪染林[26]。山哀浦思[27]，鸟兽叫音。余唱君和，百篇在吟。

君止于县，我又南逾[28]。把盏相饮，后期有无？期宿界上，一夕相语[29]。自别几时，遽变寒暑。枕臂欹眠，加余以股[30]。仆来告言，虎入厩处。无敢惊逐，以我騄去[31]。君云是物，不骏于乘[32]。虎取而往，来寅其征[33]。我预在此，与君俱膺[34]。猛兽果信，恶祷而凭[35]。

余出岭中，君俟州下[36]。偕掾江陵，非余望者[37]。郴山奇变，其水清泻。泊砂倚石，有遌无舍[38]。衡阳放酒，熊咆虎嗥[39]。不存令章[40]，罚筹猬毛[41]。委舟湘流，往观南岳[42]。云壁潭潭[43]，穹林攸擢[44]。避风太湖[45]，七日鹿角[46]。钩登大鲇[47]，怒颊豕豞[48]。脔盘炙酒[49]，群奴余啄[50]。走官阶下，首下尻高[51]。下马伏涂[52]，从事是遭[53]。

予征博士[54]，君以使已[55]。相见京师，过愿之始[56]。分教东生[57]，君掾雍首[58]。两都相望，于别何有[59]！解手背面，遂十一年[60]。君出我入，如相避然。生阔死休[61]，吞不复宣[62]。刑官属郎[63]，引章讦夺[64]。权臣不爱，南康是斡[65]。明条谨狱，氓獠户歌[66]。用迁澧浦，为人受瘥[67]。还家东都，起令河南[68]。屈拜后生[69]，愤所不堪。屡以正免[70]，身伸事蹇[71]。竟死不升，孰劝为善[72]！

丞相南讨，余辱司马[73]。议兵大梁，走出洛下[74]。哭不凭棺，奠不亲斝[75]。不抚其子，葬不送野。望君伤怀，有陨如泻！铭君之绩，纳石壤中[76]。爰及祖考，纪德事功[77]。外著后世，鬼神与通。君其奚憾，不余鉴衷[78]！呜呼哀哉！尚飨！

注释：

[1]《祭河南张员外文》选自《韩昌黎集》卷二十二，写于唐宪宗元和十二年（公元八一七年），时韩愈以彰义军行军司马兼御史中丞从裴度大军讨淮西叛军。张员外：张署，河间人，贞元二年进士，贞元十九年为监察御史。与韩愈同因事得罪幸臣被贬。

元和九年为河南令，不久病免，十二年卒。韩愈另有《唐故河南令张君墓志铭》可参看。

[2] 行军司马：掌握军政的官制。守：署理。官阶低而担任的职务高叫守。太子右庶子：太子属官，负责教化。御史中丞：唐代时御史大夫的副职，掌纠弹。

[3] 庶羞：众多美味。庶：多。清酌：清纯的酒，一般指祭酒。奠：祭品。

[4] 峙：立。这里是并列的意思，即同为御史。

[5] 标高揭己：自视甚高，同时以高标准要求自己。揭：高举。

[6] 唾犹泥滓：像泥土一样唾弃。

[7] 戆：刚直。

[8] 年未三纪：不到三十六岁。纪：古代以十二年为一纪。

[9] 乘气加人：盛气凌人。

[10] 无挟自恃：没有后台但无所畏惧。贞元十九年，京师大旱，秋又早霜，民不聊生。京兆尹李实隐瞒灾情。韩愈与同僚张署、李方叔上《御史台上论天旱人饥状》，弹劾李实处置不当，参阅《资治通鉴·唐纪五十二》贞元十九年事。李实，唐宗室，德宗宠臣，朝臣无敢犯者。

[11] 婉娈：指代谗人。《诗经·甫田》："婉兮娈兮。"毛传曰："婉娈，少好貌。"有人据此认为当日韩愈所指可能不是李实。

[12] 我落阳山：指被贬阳山县。阳山：唐时属江西西道连州。

[13] 以尹鼯猱：管理野兽。鼯：哺乳类小动物，前后肢间有薄膜，可以滑翔，住在树洞中。猱：猴子的一种。

[14] 临武：唐时属江西西道郴州。

[15] 山林之牢：被困山林。

[16] 岁弊寒凶：贞元十九年冬末韩愈与张署一同赴贬所。岁弊：年末。寒凶：寒冷异常。

[17] 雪虐风饕：大雪纷飞，狂风怒吼。饕：传说中的一种凶恶贪食的野兽，也喻凶恶的人。

[18] 颠：跌。

[19] 我泗君咷：指两人号啕大哭。咷：同“啕”。泗、咷，都有哭嚎之意。

[20] 骶顶交跖：指由于天寒役夫隶卒骶顶交足而眠。

[21] 洞庭：洞庭湖。漫汗：无边无际。

[22] 粘天无壁：一望无际。壁：边缘，屏障。

[23] 飏：撞击。

[24] 追程盲进：为了赶路而急速前行。盲进：急速行进。

[25] 屈氏：屈原。

[26] 二妃行迷，泪踪染林：据《述异记》记载，舜南巡死，葬于苍梧之野。舜的两个妃子娥皇、女英追之不及，相与恸哭，泪下沾竹。

[27] 浦：水边。

[28] 君止于县，我又南逾：临武在阳山之北，故张署先到达任所，韩愈继续南行。

[29]“一夕相语”句：贞元二十年冬末，韩愈与张署相约会于两县之界。

[30] 枕臂欹眠，加余以股：言两人亲密无间。加股：《后汉书 · 严光传》载严光少时与光武帝同游学，后光武帝即帝位，与

光偃卧，光以足加帝腹上。

[31] 騼：驴。

[32] 不骏于乘：骑着驴也跑不快。

[33] 来寅：指虎。虎在十二辰为寅。又指农历正月。正月对于十二月为寅。征：征兆。

[34] 膺：承当，承受。

[35] 恶祷而凭：没有祷告就灵验了。按，贞元二十一年正月，德宗崩，顺宗立，大赦，韩愈与张署具在被赦之列，得往郴州待命。恶：何，没有。

[36] 余出岭中，君俟州下：指两人在贞元二十一年夏秋之间一起在郴州待命。

[37] 偕掾江陵：一起在江陵为官。

[38] 有遌无舍：遇见就流连忘返。遌：遇，逢。

[39] 嗥：野兽吼叫。

[40] 令章：酒令。

[41] 罚筹猬毛：被罚的筹码像刺猬的刺一样多。从前喝酒要行酒令，违背酒令就要被罚，罚的次数用筹码计算。

[42] 南岳：衡山。

[43] 云壁潭潭：云层深广。潭潭：深广的样子。

[44] 穹林：深林。攸擢：茂密的样子。

[45] 太湖：大湖，这里指洞庭湖。

[46] 鹿角：洞庭湖中的地名。

[47] 鲇：一种鱼名。

[48] 豕狗：形容大鱼被钓上来后，鱼鳃怒张，发出号叫。

[49] 脔盘炙酒：喝着酒，吃着鱼。脔：切割成小块的肉。炙酒：温酒。

[50] 群奴余啄：形容鱼大，下人也分着吃。

[51] 尻：屁股。

[52] 下马伏涂：形容沉潜下僚的屈辱生活。

[53] 从事是遭：韩愈在江陵为从事的小官。

[54] 博士：国子博士。元和元年五月韩愈被诏为国子博士。

[55] 君以使已：指张署因为邕管经略使辟为判官，故仍滞留江陵。已：止。

[56] 过愿之始：开始经常见面。过愿：指关系很近，顺路相见。

[57] 分教东生：元和二年夏，韩愈分教东都生。

[58] 君掾雍首：张署在元和二年仍然为京兆司录。司录为诸参军之首，故称雍首。雍：汉郡名，辖地略相当于唐朝的京兆府。

[59] 于别何有：跟分别有什么区别。

[60] 解手背面，遂十一年：解手：分手，分别。自元和二年韩愈和张署分手，到元和十二年，已经十一年。

[61] 生阔死休：生时别离到死方休。

[62] 吞不复宣：吞声而不能言。

[63] 刑官属郎：指张署在元和五年任刑部员外郎。

[64] 引章：引用条文，照章办事。讦夺：受攻讦而被夺官。

[65] 南康是斡：指元和六年张署被赶出刑部，担任虔州刺史。斡：转。

[66] 氓獠户歌：指老百姓拥护张署的治理。氓獠：古时称我

国南方少数民族人民。户歌：开门唱歌。形容百姓安居乐业。

[67] 用迁澧浦，为人受瘥：指张署元和八年由于爱民，又改调澧州刺史。《唐故河南令张君墓志铭》："改澧州刺史。民税出杂产物与钱，尚书有经数，观察使牒州征民钱倍经，君曰：'刺史可为法，不可贪官害民。'留噤不肯从，竟以代罢。"瘥：病。为人受瘥：代人受过，指张署为了老百姓受委屈。

[68] 起令河南：张署大约在元和十年为河南令。

[69] 屈拜后生：指当时的河南尹郑权。据《唐故河南令张君墓志铭》"河南尹适君平生所不好者"。后生：晚辈

[70] 屡以正免：据《唐故河南令张君墓志铭》张署任河南令后，"数月，大不适，即以病辞免"。

[71] 身伸事蹇：指为人正直而命运不佳。蹇：不顺利。

[72] 孰劝为善：这是愤慨的话，言张署到死都没有升迁，这么不公正，还有谁再做好事善事！

[73] 丞相南讨，余辱司马：指从丞相裴度讨淮西，担任彰义军行军司马。

[74] 议兵大梁，走出洛下：言自己这时正在处理紧急公务。大梁：汴州。当时韩愈在汴州游说宣武节度使韩弘出兵协助裴度。洛下：地名，在今河南省开封附近。

[75] 哭不凭棺，奠不亲斝：没有亲自参加葬礼。凭棺：古时亲友送葬扶着棺木。斝：酒器。

[76] 铭君之绩，纳石壤中：谓撰墓志铭。

[77] 爰及祖考，纪德事功：这是写作墓志铭的套语。即生

平履历，功劳业绩。

[78] 君其奚憾，不余鉴衷：请你不要有什么遗憾，要明察我的心意。

一一　祭柳子厚文[1]

维年月日[2]，韩愈谨以清酌庶羞之奠[3]，祭于亡友柳子厚之灵。

嗟嗟子厚，而至然邪！[4]自古莫不然，我又何嗟！人之生世，如梦一觉[5]。其间利害，竟亦何校[6]！当其梦时，有乐有悲。及其既觉，岂足追惟[7]。

凡物之生，不愿为材[8]。牺尊青黄，乃木之灾[9]。子之中弃，天脱馽羁[10]。玉佩琼琚，大放厥辞[11]。富贵无能，磨灭谁纪[12]。子之自著，表表愈伟[13]。不善为斫，血指汗颜[14]。巧匠旁观，缩手袖间。子之文章，而不用世。乃令吾徒，掌帝之制[15]。子之视人，自以无前[16]。一斥不复，群飞刺天[17]。

嗟嗟子厚，今也则亡！临绝之音，一何琅琅[18]！遍告诸友，以寄厥子。不鄙谓余，亦托以死[19]。凡今之交，观势厚薄[20]。余岂可保，能承子托。非我知子，子实命我。犹有鬼神，宁敢遗堕[21]！念子永归，无复来期。设祭棺前，矢心以辞[22]。呜呼哀哉！尚飨！

注释：

[1] 柳子厚：柳宗元，唐代文学家，改革家。柳宗元卒于元和十四年（公元八一九年）十月五日，同月，韩愈由潮州刺史改为袁州刺史，此祭文即作于袁州。

[2] 维年二月：一本作维元和十五年岁次庚子五月壬寅朔初五日景午。

[3] 清酌：清澈的酒，祭祀专用的酒。庶羞：多种佳肴。

[4] 嗟嗟：悲叹之声。至然：到这种地步，指死。

[5] 如梦一觉：像做一场梦。《庄子·齐物论》："方其梦也。不知其梦也。梦之中又占其梦焉，觉而后知其梦也。"觉：jué，睡醒。

[6] 校：计较。

[7] 岂足追惟：哪值得追忆思考。惟：思。

[8] 不愿为材：不愿成有用之物。庄子认为人不可有材，有材会成为被毁灭的原因。《庄子·山木》："庄子行于山中，见大木枝叶盛茂，伐木者止其旁而不取也。问其故，曰：'无所可用。'庄子曰：'此木以不材得终其天年。'"

[9] 牺尊青黄：木制而以青黄颜料涂饰的酒器。尊：同"樽"。灾：灾祸。庄子认为百年古木，被人破开做成各种物器，这是树木的绝大灾难，见《庄子·天地》。

[10] 中弃：指柳宗元中年被贬官。天脱馽羁：比喻柳宗元的文章气势奔放，摆脱拘束，如马脱去羁勒随意驰骋。天脱：老天帮忙脱去。馽羁：马的缰绳和络头。馽：音 zhí，同"絷"，用以绊马前腿的绳索。

[11] 玉佩琼琚：比喻柳文内容美好，音节响亮。玉佩：玉制的配饰物，系于衣上，人一走路即发出悦耳的音响。琼：美玉。琚：佩玉名。大放厥辞：纵意铺饰辞藻。

[12] 富贵无能：富贵而无才能。纪：记录。司马迁《报任安书》："古者富贵而名磨灭，不可胜纪，惟倜傥非常之人称焉。"

[13] 自著：自己努力使名声昭著于时。表表愈伟：愈来愈奇伟不常。表表：卓异，不寻常。

[14] 斫：音 zhuó ，用刀、斧砍。血指汗颜：手指出血，脸上流汗。

[15] 吾徒：我辈，韩愈自谓。掌帝之制：掌管皇帝的诏诰。韩愈于元和九年任考功郎中知制诰。

[16] 自以无前：即《柳子厚墓志铭》中"勇于为人"之意。

[17] 一斥不复：一被贬斥，就再没有被重用。柳宗元永贞元年被贬为永州司马，居九年，于元和十年被召回京师，再贬为柳州刺史，卒于任所。群飞刺天：流言蜚语甚嚣尘上，以至达于皇帝那里。刺：至。天：皇帝，此指宪宗。

[18] 琅琅：原指金石相击发出的声音。此处形容柳宗元声音清脆响亮。

[19] 不鄙谓余：不认为我很庸俗鄙陋。亦托以死：也以死后之事相托。

[20] 观势厚薄：看对方之权势大小。

[21] 宁敢：岂敢。遗堕：遗落，遗失。

[22] 矢：通"誓"。

一二　祭十二郎文[1]

年月日[2]，季父愈[3]，闻汝丧之七日，乃能衔哀致诚[4]，使建中远具时羞之奠[5]，告汝十二郎之灵：

呜呼！吾少孤[6]，及长，不省所怙[7]，惟兄嫂是依。中年兄殁南方[8]，吾与汝俱幼，从嫂归葬河阳[9]。既又与汝就食江南[10]，零丁孤苦，未尝一日相离也。吾上有三兄，皆不幸早世。承先人后者，在孙惟汝，在子惟吾。两世一身，形单影只。嫂尝抚汝指吾而言曰："韩氏两世，惟此而已！"汝时尤小，当不复记忆；吾时虽能记忆，亦未知其言之悲也。

吾年十九，始来京城。其后四年，而归视汝。又四年，吾往河阳省坟墓，遇汝从嫂丧来葬。又二年，吾佐董丞相于汴州[11]，汝来省吾，止一岁，请归取其孥[12]。明年，丞相薨[13]，吾去汴州，汝不果来。是年，吾佐戎徐州[14]，使取汝者始行，吾又罢去[15]，汝又不果来。吾念汝从于东，东亦客也，不可以久；图久远者，莫如西归，将成家而致汝。呜呼！孰谓汝遽去吾而殁乎！吾与汝俱少年，以为虽暂相别，终当久相与处。故舍汝而旅食京师[16]，以求斗斛之禄[17]。诚知其如此，虽万乘之公相[18]，吾不以一日辍汝而就也[19]！

去年，孟东野往[20]，吾书与汝曰："吾年未四十，而视茫茫，而发苍苍，而齿牙动摇；念诸父与诸兄，皆康强而早世，如吾之衰者，其能久存乎？吾不可去，汝不肯来，恐旦暮死，而汝抱无涯之戚也。”孰谓少者殁而长者存，强者夭而病者全乎？

呜呼！其信然邪？其梦邪？其传之非其真邪？信也，吾兄之盛德而夭其嗣乎？汝之纯明而不克蒙其泽乎[21]？少者强者而夭殁，长者衰者而存全乎？未可以为信也！梦也，传之非其真也，东野之书[22]，耿兰之报[23]，何为而在吾侧也？呜呼！其信然矣！吾兄之盛德而夭其嗣矣，汝之纯明宜业其家者，不克蒙其泽矣。所谓天者诚难测[24]，而神者诚难明矣[25]。所谓理者不可推[26]，而寿者不可知矣[27]。

虽然，吾自今年来，苍苍者或化而为白矣；动摇者或脱而落矣，毛血日益衰，志气日益微，几何不从汝而死也？死而有知，其几何离[28]？其无知，悲不几时，而不悲者无穷期矣。

汝之子始十岁，吾之子始五岁，少而强者不可保，如此孩提者，又可冀其成立邪[29]？呜呼哀哉！呜呼哀哉！

汝去年书云：“比得软脚病[30]，往往而剧。”吾曰：“是疾也，江南之人，常常有之。”未始以为忧也。呜呼！其竟以此而殒其生乎[31]？抑别有疾而至斯乎？

汝之书，六月十七日也；东野云，汝殁以六月二日；耿兰之报无月日。盖东野之使者不知问家人以月日，如耿兰之报，不知当言月日。东野与吾书，乃问使者，使者妄称以应之耳[32]。其然乎？其不然乎？

今吾使建中祭汝，吊汝之孤与汝之乳母。彼有食可守，以待终丧[33]，则待终丧而取以来；如不能守以终丧，则遂取以来。

其余奴婢，并令守汝丧。吾力能改葬[34]，终葬汝于先人之兆[35]，然后惟其所愿。

呜呼！汝病吾不知时，汝殁吾不知日，生不能相养以共居，殁不得抚汝以尽哀，敛不凭其棺[36]，窆不临其穴[37]。吾行负神明而使汝夭。不孝不慈，而不得与汝相养以生，相守以死。一在天之涯，一在地之角，生而影不与吾形相依，死而魂不与吾梦相接[38]，吾实为之，其又何尤[39]！彼苍者天，曷其有极[40]！自今已往，吾其无意于人世矣[41]！当求数顷之田于伊、颍之上[42]，以待余年。教吾子与汝子，幸其成[43]；长吾女与汝女，待其嫁，如此而已。

呜呼！言有穷而情不可终，汝其知也邪？其不知也邪？呜呼哀哉！尚飨[44]！

注释：

[1]《祭十二郎文》选自《韩昌黎集》卷二十三，作于唐德宗贞元十九年（公元八〇三年）。时韩愈三十六岁，在京师任职。十二郎：韩愈的侄子韩老成。韩愈的父亲韩仲卿有三子：韩会、韩介、韩愈。韩会无子，以韩介的次子老成为嗣子。韩愈三岁丧父，由大哥韩会及大嫂郑氏抚养。后来韩愈的大哥、大嫂、二哥以及二哥的长子百川都相继去世，兄弟辈中只有韩愈一人，侄辈中只剩十二郎一人。韩愈自幼与十二郎经历了艰难与共的生活，后来二人又长期天各一方，所以当他得知十二郎去世的消息后，悲痛万分。这篇祭文强烈地抒发了作者与十二郎生离死别的

痛苦。

[2] 年月日：拟稿时所省略的具体时间。《文苑英华》作“贞元十九年五月二十六日”。

[3] 季父：最小的叔父。

[4] 衔哀致诚：饱含悲哀向死者表示诚挚悼念的心意。

[5] 建中：韩愈家中之仆人。具：备办。时羞之奠：应时的鲜美祭品。羞：通“馐”。

[6] 孤：幼年丧父曰“孤”。

[7] 不省所怙：不记得父亲（的模样）。省：知道，记得。所怙：所依靠的人，指父亲。怙：音 hù ，依靠。

[8] 兄殁南方：指韩会中年四十二岁时死于韶州刺史任上。

[9] 河阳：唐时河内郡河阳县（今河南省孟州市西），韩氏祖坟在此。

[10] 就食江南：指到宣州（今安徽省宣城市）别业去谋生。唐德宗建中二年（公元七八一年），中原战乱，韩愈全家移居安徽宣城。

[11] 佐董丞相于汴州：指贞元十二年（公元七九六年）七月，韩愈至董晋部下任汴州观察推官事。佐：协助。董丞相：即董晋。董晋以检校尚书左仆射、同中书门下平章事（宰相）衔任汴州节度使，故称。

[12] 孥：妻、子之统称。

[13] 薨：音 hōng ，唐代凡三品（一说二品）以上官员死皆可称薨。

[14] 佐戎徐州：到徐州节度使张建封部下辅佐官事工作。贞

元十五年（公元七九九年）秋，韩愈至徐州（今江苏省徐州市）任徐、泗、濠节度使张建封的节度推官。武宁节度使治所在徐州。

[15] 吾又罢去：贞元十六年（公元八〇〇年）五月，张建封卒，韩愈又离开徐州赴洛阳。

[16] 旅食京师：客居京城谋生。旅食：在外地谋生。韩愈离开徐州后，每年都到长安去听候调选。

[17] 斗斛之禄：微薄的俸禄。斛：唐时十斗为一斛。

[18] 万乘：万辆战车，古时天子万乘，此指皇帝。公相：国公宰相，指代国家最高官位。

[19] 辍汝：离开你。就：就任，上任。

[20] 孟东野：孟郊，字东野，中唐著名诗人。韩愈的好友。贞元十八年（公元八〇二年），孟郊出任溧阳（今江苏省溧阳市）尉，溧阳距宣城不远，故韩愈曾托孟郊带信给韩老成。

[21] 不克蒙其泽：不能够蒙受先人的恩泽。

[22] 东野之书：老成去世后，孟郊从溧阳写信告诉了韩愈。

[23] 耿兰：韩愈家中的仆人。报：指报丧的信

[24] 天者诚难测：天意实在难以揣测。

[25] 神者诚难明：神机实在难以明白。

[26] 理者不可推：天理不可推究。

[27] 寿者不可知：人的寿命长短不可预先推知。

[28] 几何离：分离的日子还会有多久。

[29] 冀其成立：希望他们成人立业。

[30] 比：近来。软脚病：一种脚病。

[31] 殒其生：丧生。

[32] 妄称：信口胡说。应：应付。

[33] 终丧：守满丧期。古代丧仪，子应守父丧三年。

[34] 力能改葬：有力量给你迁葬。古代风俗，人死之后要回归故乡的祖墓。

[35] 先人之兆：祖先的坟地，指河阳祖坟。

[36] 敛：通“殓”，给遗体穿衣服放入棺材称殓棺。不凭其棺：指未能亲自为老成入殓。

[37] 窆：音 biǎn ，落葬于土。

[38] 不与吾梦相接：你的灵魂也未能和我在梦中相见。

[39] 何尤：责怪谁。

[40] 彼苍者天：《诗经·秦风·黄鸟》：“彼苍者天，歼我良人。”苍者：青色的。曷其有极：我的痛苦何时才是尽头！曷：何。

[41] 人世：这里指人世间的功名富贵。

[42] 伊、颍之上：指今河南省境内的伊水和颍水，此泛指河南老家。

[43] 幸其成：希望他们成人立业。

[44] 尚飨：亦作“尚享”，古时用作祭文的结语，表示希望死者的魂灵来享用祭品。

一三　平淮西碑[1]

天以唐克肖其德[2]，圣子神孙，继继承承，于千万年，敬戒不怠[3]。全付所覆[4]，四海九州，罔有内外，悉主悉臣[5]。高祖太宗，既除既治[6]；高宗中睿，休养生息[7]；至于玄宗，受报收功[8]，极炽而丰，物众地大[9]，孽牙其间[10]；肃宗代宗，德祖顺考，以勤以容[11]，大慝适去[12]，稂莠不薅[13]，相臣将臣，文恬武嬉[14]，习熟见闻[15]，以为当然。

睿圣文武皇帝[16]，既受群臣朝，乃考图数贡[17]，曰：呜呼！天既全付予有家[18]，今传次在予[19]，予不能事事[20]，其何以见于郊庙[21]！群臣震慑，奔走率职[22]。明年平夏[23]，又明年平蜀[24]，又明年平江东[25]，又明年平泽潞[26]，遂定易定[27]，致魏博贝卫澶相[28]，无不从志。皇帝曰：不可究武，予其少息[29]。九年，蔡将死，蔡人立其子元济以请[30]，不许；遂烧舞阳，犯叶襄城，以动东都，放兵四劫[31]。皇帝历问于朝，一二臣外[32]，皆曰：蔡帅之不廷授，于今五十年[33]，传三姓四将[34]，其树本坚[35]，兵利卒顽，不与他等[36]，因抚而有，顺且无事[37]。大官臆决唱声，万口和附，并为一谈，牢不可破[38]。

皇帝曰：惟天惟祖宗所以付任予者[39]，庶其在此[40]，予何敢不力[41]！况一二臣同，不为无助。曰：光颜！汝为陈许帅[42]，维是河东、魏博、郃阳三军之在行者，汝皆将之[43]。曰：重胤！汝故有河阳、怀，今益以汝[44]，维是朔方、义成、陕、益、凤翔、延、庆七军之在行者，汝皆将之[45]。曰：弘！汝以卒万二千属而子公武往讨之[46]。曰：文通！汝守寿，维是宣武、淮南、宣歙、浙西四军之行于寿者，汝皆将之[47]。曰：道古！汝其观察鄂岳[48]。曰：愬！汝帅唐、邓、随，各以其兵进战[49]。曰：度！汝长御史，其往视师[50]。曰：度！惟汝予同[51]，汝遂相予，以赏罚用命不用命[52]。曰：弘！汝其以节都统诸军[53]。曰：守谦！汝出入左右，汝惟近臣，其往抚师[54]。曰：度！汝其往，衣服饮食予士，无寒无饥；以既厥事，遂生蔡人[55]；赐汝节斧，通天御带，卫卒三百[56]；凡兹廷臣，汝择自从，惟其贤能，无惮大吏[57]！庚申，予其临门送汝[58]。曰：御史！予闵士大夫战甚苦[59]，自今以往，非郊庙祠祀，其无用乐[60]。

颜、胤、武合攻其北[61]，大战十六，得栅城县二十三，降人卒四万[62]。道古攻其东南，八战，降万三千，再入申[63]，破其外城；文通战其东，十余遇，降万二千；愬入其西，得贼将，辄释不杀[64]，用其策，战比有功[65]。十二年八月，丞相度至师，都统弘责战益急，颜、胤、武合战益用命。元济尽并其众，洄曲以备[66]。十月壬申[67]，愬用所得贼将[68]，自文城因天大雪，疾驰百二十里，用夜半到蔡，破其门，取元济以献[69]，尽得其属人卒。辛巳，丞相度入蔡，以皇帝命赦其人；淮西平，大飨赉功[70]。师还之日，因以其食赐蔡人；凡蔡卒三万五千，其不乐为兵愿归为农者十九[71]，悉纵之；斩元济于京师[72]。

册功[73]：弘加侍中[74]，愬为左仆射，帅山南东道[75]；颜、胤皆加司空[76]；公武以散骑常侍帅鄜、坊、丹、延[77]；道古进大夫[78]；文通加散骑常侍[79]；丞相度朝京师，道封晋国公，进阶金紫光禄大夫，以旧官相[80]，而以其副总为工部尚书，领蔡任[81]。既还奏，群臣请纪圣功，被之金石[82]；皇帝以命臣愈，臣愈再拜稽首而献文曰：

唐承天命，遂臣万邦[83]。孰居近土，袭盗以狂。往在玄宗，崇极而圮[84]。河北悍骄[85]，河南附起[86]。四圣不宥[87]，屡兴师征。有不能克，益戍以兵[88]。夫耕不食，妇织不裳。输之以车，为卒赐粮[89]。外多失朝[90]，旷不岳狩[91]。百隶怠官，事亡其旧[92]。帝时继位，顾瞻咨嗟[93]。惟汝文武，孰恤予家[94]。既斩吴蜀，旋取山东[95]。魏将首义，六州降从[96]。淮蔡不顺，自以为强。提兵叫欢，欲事故常[97]。始命讨之，遂连奸邻[98]。阴遣刺客，来贼相臣[99]。方战未利，内惊京师[100]。群公上言，莫若惠来[101]。帝为不闻[102]，与神为谋。乃相同德，以讫天诛[103]。乃敕颜胤[104]，愬武古通。咸统于弘，各奏汝功[105]。三方分攻[106]，五万其师。大军北乘，厥数倍之[107]。常兵时曲[108]，军士蠢蠢。既翦陵云，蔡卒大窘[109]。胜之邵陵，郾城来降[110]。自夏入秋，复屯相望。兵顿不励，告功不时[111]。帝哀征夫，命相往釐[112]。士饱而歌，马腾于槽。试之新城，贼遇败逃[113]。尽抽其有，聚以防我。西师跃入，道无留者[114]。额额蔡城，其疆千里[115]。既入而有，莫不顺俟[116]。帝有恩言，相度来宣[117]。诛止其魁，释其下人[118]。蔡之卒夫，投甲呼舞[119]。蔡之妇女，迎门笑语。蔡人告饥，船粟往哺[120]。蔡人告寒，赐以缯布[121]。始时蔡人，禁不往来。今相从戏，里门夜开。始时蔡人，进战退戮[122]。今旰而起，左飧右粥[123]。为之择人，以收余惫[124]。选吏赐牛，教而不税[125]。

蔡人有言，始迷不知。今乃大觉，羞前之为。蔡人有言，天子明圣。不顺族诛[126]，顺保性命。汝不吾信，视此蔡方[127]。孰为不顺，往斧其吭[128]。凡叛有数，声势相倚[129]。吾强不支，汝弱奚恃[130]！其告而长，而父而兄[131]。奔走偕来，同我太平。淮蔡为乱，天子伐之。既伐而饥，天子活之。始议伐蔡，卿士莫随[132]。既伐四年，小大并疑[133]。不赦不疑，由天子明[134]。凡此蔡功，惟断乃成[135]。既定淮蔡，四夷毕来[136]。遂开明堂，坐以治之。[137]

注释：

[1]《平淮西碑》选自《韩昌黎集》卷三十。唐宪宗元和十二年（公元八一七年）八月，宰相裴度以淮西宣慰使兼彰义军节度使讨伐淮西藩镇吴元济，韩愈为行军司马。淮西平，韩愈以战功升为刑部侍郎，并受诏写《平淮西碑》。碑文写于元和十三年。

[2] 克：能。肖：像。

[3] 继继承承：世代继承。敬戒不怠：警戒自励，谨慎不懈。

[4] 全付所覆：全力防止国家覆亡。全付：全力对付。覆：颠覆，指国家灭亡。

[5] 四海九州：全国之内。罔：无。悉主悉臣：全是主上和臣民关系。

[6] 高祖：唐高祖李渊。太宗：唐太宗李世民。既除：指推

翻隋朝统治。既治：建立唐朝并使国家得以治理。

[7] 高宗：唐高宗李治。中：唐中宗李显。睿：唐睿宗李旦。休养生息：使百姓得以安定休整，繁衍生息。

[8] 玄宗：唐玄宗李隆基。受报收功：接受各地报来的成功消息，指国家治理得很好。

[9] 极炽而丰：社会繁荣、物质丰富到了极点。物众地大：地大物博。

[10] 孽牙其间：指极盛之时孕育着妖祸。孽：妖祸。牙：同“芽”，萌芽，萌生。

[11] 肃宗：唐肃宗李亨。代宗：唐代宗李豫。德祖：唐德宗李适为宪宗之祖父。顺考：唐顺宗李诵为宪宗之父。考：亡父称考。以勤以容：皆能勤于政事而宽容大度。

[12] 大慝：极奸邪凶恶之人，指安禄山、史思明。慝：tè，奸邪，邪恶。适去：刚才除去。

[13] 稂莠不薅：指未能清除奸佞。稂莠：音 láng yǒu，两种伤害庄稼的杂草，此喻害群之奸臣。薅：音 hāo，拔出田中杂草，此喻锄奸。

[14] 文恬武嬉：文武官员习于安逸，苟且度日。恬：安逸。嬉：嬉戏，玩乐。

[15] 习熟见闻：司空见惯。

[16] 睿圣文武皇帝：元和三年（公元八〇八年）唐宪宗受尊号为睿圣文武皇帝。

[17] 考图：考核各州的地图。数贡：计算各州郡贡献给朝廷的钱物，此处指加强国家的治理。数：音 shǔ，计算。

[18] 有家：家。“有”为助词。整句之意即上天既然把国家全部给了我。

[19] 传次：依照顺序传位到我手上。

[20] 事事：干事情，处理朝政。第一个“事”为动词。

[21] 何以见于郊庙：有何面目去见天地神灵和祖先。郊：古时于郊外祭天地，此指天地神灵。庙：宗庙，旧时供祀祖先之处，此指祖先。

[22] 率职：各尽其职。

[23] 明年：据《新唐书 · 本纪第七》，贞元二十一年（公元八〇五年）正月，唐德宗驾崩，太子李诵继位，即唐顺宗。八月，顺宗被迫让位于太子李纯，自称太上皇，改贞元二十一年为永贞元年（公元八〇五年）。元和元年（公元八〇六年）丁卯，宪宗赦天下，改元。此处“明年”或指永贞元年年号更替，按公元纪年应为公元八〇六年，即元和元年。平夏：顺宗永贞元年（公元八〇五年）十一月，夏绥银节度留后杨惠琳叛，元和三年三月，夏州兵马使张承全讨而斩之，夏平。

[24] 又明年：依前注，“又明年”指元和二年，但据《新唐书 · 本纪第七》“元和元年正月丁卯，大赦，改元。……戊子，刘辟伏诛。”即实则为元和元年。平蜀：永贞元年（公元八〇五年）八月，剑南西川节度使韦皋卒，行军司马刘辟自称留后，叛乱。元和元年九月，东川节度使高崇文擒刘辟以献，蜀平。

[25] 又明年：依前注，指元和二年。平江东：元和二年十月，左仆射、浙西节度使李琦据润州叛，润州大将张子良、李奉仙擒之，江东平。

[26] 又明年：依前注，指元和三年，但据《旧唐书·本纪第十四》“（元和）五年。……甲申，镇州行营招讨使吐突承璀执昭义节度使卢从史，载从史送京师。”实应为元和五年（公元八一〇年）。泽：泽州，州治在今山西省晋城市。潞：潞州，州治在今山西省长治市。泽潞二州唐时属昭义军节度使管辖。元和五年，昭义军节度使卢从史叛，镇州行营招讨使吐突承璀讨之，泽潞平。

[27] 遂定易定：于是安定了易州和定州。易：易州，州治在今河北省易县。定：定州，州治在今河北省定州市。

[28] 致：归还，指从藩镇手中归还于朝廷。魏：魏州，州治在今河北省大名县东。博：博州，州治在今山东省聊城市西北。贝：贝州，州治在今河北省清河县。卫：卫州，州治在今河南省卫辉市。澶：澶州，州治在今河北省清丰县西南。相：相州，州治在今河南省安阳市。六州当时皆属魏博节度使管辖。

[29] 究武：一味用武。少息：稍事休息，即暂停对藩镇用兵。

[30] 蔡：蔡州，州治在今河南省汝南县，唐时属河南道。《新唐书·本纪第七》：“（元和九年）闰八月丙辰，彰义军节度使吴少阳卒，其子元济自称知军事。”请：请皇帝允许吴元济主兵。

[31] 不许：宪宗不答应吴元济袭节度使之职。舞阳：今河南省舞阳县。叶：今河南省叶县。襄城：今河南省襄城县。《新唐书·列传第一百三十九》：“元济不得命，乃悉兵四出，焚舞阳及叶，掠襄城、阳翟。时许、汝居人皆窜伏榛莽间，剽系千余里，关东大恐。”四劫：四处劫掠。

[32] 历问于朝：遍问朝臣。一二臣：指武元衡、裴度等少数

主战派大臣。

[33] 蔡帅：淮西节度使。不廷授：不由朝廷任命。五十年：自肃宗宝应元年（公元七六二年）李忠臣为淮西节度使，至元和九年（公元八一四年），共五十三年，“五十”系举其成数。

[34] 传三姓四将：五十三年间，淮西节度使数易其人：李希烈驱逐李忠臣（李忠臣本姓董），自为节度使；陈仙奇派人毒死李希烈，吴少诚又杀陈仙奇，自为节度使；吴少阳又杀吴少诚之子吴元庆，自称留后。

[35] 其树本坚：根深坚挺，形容基础牢固。

[36] 兵利卒顽：武器精良，士卒顽强。不与他等：与其他藩镇不一样。

[37] 抚：安抚，怀柔。顺且无事：平安无事。

[38] 大官：反对伐蔡的显贵。臆决：凭主观想象决断。和附：附和。并为一谈：指主和派大官僚和附和者们同唱一个调子。

[39] 付任予者：交给我治国之重任。

[40] 庶其在此：难道是让我安抚姑息藩镇吗？

[41] 予何敢不力：我怎敢不尽力讨伐藩镇。

[42] 光颜：李光颜，原为洛州刺史。元和九年九月，以李光颜为陈州刺史、忠武军都知兵马使；冬十一月，以李光颜为许州刺史，忠武军节度使。

[43] 河东：唐时河东道，今山西省太原市附近地区。郃阳：唐时关内道同州郃阳县，今陕西省合阳县。当时神策军郃阳镇遏将索日进，魏博节度使田弘之子田布等皆率军讨伐吴元济，均归李光颜统领。

[44] 重胤：河阳节度使乌重胤。故有：本来据有。河阳、怀：乌重胤本为怀州刺史、河阳三城节度使。益：增加。元和九年闰八月，乌重胤又兼汝州刺史。

[45] 朔方：此指关内道灵州（今宁夏回族自治区灵武市西南），属朔方节度使管辖。义成：河南道滑州（今河南省滑县东），属义成军节度使管辖。陕：陕州（今河南省三门峡市陕州区），属陕虢节度使管辖。益：益州（今四川省成都市一带），属西川节度使管辖。凤翔：关内道凤翔府（今陕西省宝鸡市凤翔区），属凤翔节度使管辖。延：延州（今陕西省延安市），属鄜坊节度使管辖。庆：庆州（今甘肃省庆阳市），属邠宁节度使管辖。乌重胤统此七军，由襄阳而进，讨伐吴元济。

[46] 弘：汴州节度使韩弘。而：通“尔”。公武：韩弘之子。宪宗授韩弘淮西诸军行营都统。

[47] 文通：左金吾大将李文通。寿：淮南道寿州（今安徽省寿县）。宣武：宣武节度使，治所在汴州（今河南省开封市）。淮南：淮南节度使，治所在扬州。宣歙：宣州（今安徽省宣城市）、歙州（今安徽省歙县），属宣歙观察使管辖。浙西：浙江西道，今浙江省杭嘉湖一带。此四军在寿州者皆归李文通指挥。

[48] 道古：鄂岳都团练观察使李道古。鄂：鄂州（今湖北省武汉市武昌区）。岳：岳州（今湖南省岳阳市）。

[49] 愬：李愬。唐：山南道唐州（今河南省泌阳县）。邓：邓州（今河南省邓州市东南）。随：随州（今湖北省随州市）。元和十一年十二月，以闲厩宫苑使李愬检校左散骑常侍兼邓州刺史，充唐、随、邓等州节度使。

[50] 度：裴度。长御史：御史中丞。视师：到军中去宣慰、视察。

[51] 惟汝予同：只有你和我的见解谋略相同，即主张以武力讨伐淮蔡。

[52] 相予：做我的宰相。赏罚用命不用命：奖赏服从命令的，惩罚不听命令的。即授予裴度赏罚大权。

[53] 节：符节。都统诸军：元和十年九月，以韩弘充淮西行营兵马都统。

[54] 守谦：梁守谦。出入左右：指在皇帝身边，梁守谦时为知枢密使，属内侍官。抚师：指到淮西去抚慰军队。

[55] 以既厥事：完成平蔡之事。生蔡人：使蔡州百姓存活，即拯救蔡州百姓。

[56] 节斧：此处指执行军法之刑具。通天御带：饰有通天犀的御带。

[57] 无惮大吏：不要顾忌他是不是大官，即授权裴度任意选择随从人员。

[58] 予其临门送汝：我将到通化门送你。《旧唐书》卷一百七十："十二年八月三日，度赴淮西，诏以神策军三百骑卫从，上御通化门慰勉之……"

[59] 闵：同"悯"，怜恤，哀伤。

[60] 自今以往：从今往后。郊庙祠祀：指各种祭祀活动。无用乐：不要动用音乐。

[61] 颜、胤、武合攻其北：李光颜、乌重胤和韩公武合力从北面攻打吴元济。

[62] 人卒：即人民（百姓）和士卒。

[63] 申：申州，今河南省信阳市南。

[64] 辄释不杀：就释放，不加杀害。

[65] 用其策：采用降将所献策略。战比有功：战斗频频告捷。比：频也。

[66] 洄曲：地名，即时曲，在汝河由郾城区流入商水县处。溵水于此洄曲，故名。《资治通鉴》卷二四〇："……吴元济闻郾城不守，甚惧，时董重质将骡军守洄曲，元济悉发亲近及守城卒诣重质以拒之。"

[67] 十月壬申：十月十六日。

[68] 所得贼将：指原吴元济部将李佑、李有义。

[69] 文城：即文城栅，在今河南省遂平县西五十里。取元济以献：活捉吴元济，并槛送京师。事见《新唐书》卷一百五十四。

[70] 大飨赉功：大大地犒赏军士，赏赐战功。飨：犒赏。赉：音 lài ，给予，赏赐。

[71] 十九：十分之九。

[72] 斩元济于京师：斩吴元济于京城长安。《旧唐书·本纪第十五》："十一月丙戌朔，御兴安门，受淮西之俘，以吴元济徇两市，斩于独柳树。"

[73] 册功：册书记功。

[74] 弘加侍中：韩弘加官为侍中。

[75] 愬为左仆射，帅山南东道：李愬加封为检校尚书左仆射、襄州刺史、充山南道节度襄、邓、随、唐、复、郢、均、房等州观察等使。

[76] 颜、胤皆加司空：李光颜、乌重胤均封为检校司空。

[77]“公武”句：韩弘之子韩公武加封为检校左散骑常侍、鄜州刺史，鄜、坊、丹、延等州节度使。

[78] 道古进大夫：李道古晋升为检校御史大夫。

[79] 文通加散骑常侍：李文通加封散骑常侍。

[80]“丞相”四句：裴度除守丞相本官外，加赐上柱国，封晋国公，食邑三千户；又诏加金紫光禄大夫、弘文馆大学士。

[81] 其副总：裴度的副手马总。马总原为淮西宣慰副使，平蔡后升为检校工部尚书、蔡州刺史、彰义军节度使等。

[82] 请纪圣功：请求记载宪宗至高无上的功德。被之金石：刻于金石，这里指刻石纪功。金：指钟鼎之属。石：指碑碣之属。

[83] 遂臣万邦：以万邦为臣，即统治天下。

[84] 崇极而圮：盛极而衰。崇极：顺利到极点，盛极。圮：音 pǐ ，毁坏，毁灭。

[85] 河北悍骄：安史之乱平定后，河北的藩镇凶悍骄横，相继叛乱，如卢龙的朱滔、成德的王武俊、魏博的田承嗣、田悦等。

[86] 河南附起：河南的藩镇也相继叛乱，如淄青的李惟岳、李纳，淮蔡的李希烈、吴少诚等。

[87] 四圣不宥：四圣不赦免叛唐藩镇的罪恶。四圣：指肃宗、代宗、德宗、顺宗四个皇帝。

[88] 有不能克：有时朝廷不能战胜藩镇。克：取胜。益戍以兵：于是就增兵来戍守。

[89] 输之以车：用车向官府输送粮食。为卒赐粮：都成为赐给士卒的粮饷。

[90] 外多失朝：地方官多数不能按时朝见皇帝。

[91] 旷不岳狩：皇帝也旷废了巡狩四岳之礼，旷：旷废。岳狩：指皇帝巡狩四岳之礼。

[92] 百隶怠官：众多官吏怠于职守。百隶：百官，百官皆隶属于皇帝。怠官：疏于职守。事亡其旧：什么事情都不能按传统规矩去做。亡：失。旧：传统做法。

[93] 帝：指唐宪宗。顾瞻咨嗟：看到国家纲纪被破坏的情况唯有叹息。

[94] 孰恤予家：谁为国事忧念。恤：忧念。家：指皇家，即朝廷、国家。

[95] 斩吴蜀：指平江东和平蜀。吴：指元和二年平江东（浙西节度使）李锜之叛。蜀：指元和元年平西川节度使留后刘辟之叛。取山东：指平定泽潞之叛。山东：华山以东，此指泽潞。

[96] 魏将首义：指元和五年义武军节度使张茂昭以易、定二州归于朝廷。首义：首倡起义兵归顺朝廷。六州：指河北的魏、博、贝、卫、澶、相六州。降从：依次相从，相继归附朝廷。

[97] 淮蔡不顺：指淮西蔡州的藩镇恃强不归顺朝廷。提兵叫欢：指举兵叫嚣，威胁朝廷。欢：喧哗。欲事故常：还想按老办法行事，指吴元济想学吴少诚、吴少阳不待朝廷任命而自为节度使的做法。

[98] 始命讨之：指宪宗刚下诏令讨伐淮西吴元济。遂连奸邻：于是吴元济就勾结了他的“奸邻”，此指吴元济为对抗朝廷而与平卢节度使李师道、成德军节度使王承宗互相勾结之事。

[99] 阴遣刺客：暗地里派遣刺客。来贼相臣：来杀害宰相武

元衡。贼：这里用作动词，杀害。此指王承宗、李师道收买中岳寺武僧于元和十年（公元八一五年）六月三日在京城刺杀主战派宰相武元衡之事。

[100] 方战：初讨淮西之战。未利：失利。因诸军不能协力，故出师不利。内惊京师：朝廷震惊。

[101] 莫若惠来：不如用恩惠招抚。来：音 lài ，安抚，招抚。

[102] 帝为不闻：唐宪宗不听主和派的言论。

[103] 乃相同德：就以与自己同心同德的人（裴度）为宰相。同德：见解相同，同心同德。以讫天诛：以完成按天意诛灭吴元济之事业。讫：竟，完成。

[104] 敕：朝廷命令。

[105] 咸统于弘：指上述六军全由韩弘统帅。奏：上，呈进。

[106] 三方分攻：李道古攻其南，李文通攻其东，李愬入其西。

[107] 大军北乘：指李光颜、乌重胤和韩公武率大军从北面进攻。厥数倍之：其兵力是“三方”之一倍。“三方”为五万，则大军有十万之众。

[108] 常兵时曲：指李光颜曾于元和十年五月大破贼兵于洄曲之事。常：犹“尝”。时曲：即洄曲。

[109] 既翦陵云：此指元和十年十一月李光颜拔除贼兵陵云栅一事。翦：灭，消灭。陵云：陵云栅，在今河南省商水县。蔡卒大窘：指吴元济的军队处境十分窘迫。

[110] 胜之邵陵：指元和十二年四月，李光颜大破蔡军于邵陵之事。邵陵：一作召陵，在今河南省漯河市郾城区东。来降：指郾城守将邓怀金请降事。

[111] 兵顿不励：王师战斗力不强。顿：通“钝”。励：通“厉”，锐利。告功不时：未能按时取得胜利。

[112] 命相往釐：命令宰相裴度亲往处理。此指裴度亲至行营之事。釐：音 lí ，治理。

[113] 试之新城：此指裴度至行营后，李光颜与贼兵在新寨镇决战之事。新城：即郾城新寨镇。

[114] 西师：指李愬所率之师。道无留者：指贼兵全部被歼。这两句写李愬雪夜下蔡州事。

[115] 额额：高大坚固的样子。其疆千里：指蔡州地广千里。

[116] 顺俟：顺从地恭候。

[117] 帝有恩言：指唐宪宗关于处理淮西事宜的诏令。恩言：有恩德之言。

[118] 诛止其魁：只杀其元凶吴元济。下人：部下。

[119] 投甲呼舞：放下武器，欢呼起舞。

[120] 船粟：以船载粟。哺：哺育，哺养。

[121] 缯：丝织物之总称。

[122] 退戮：退后者杀之。

[123] 旰：音 gàn ，晚。左飧右粥：吃饭时有干有稀。飧：音 sūn ，用水浇饭。

[124] 择人：选择地方官吏。收：统治。余惫：久经战乱遗留下来的疲惫之民。

[125] 不税：不交纳赋税。

[126] 不顺族诛：不顺服者灭其整个家族。

[127] 视此蔡方：看看蔡州的情况，自己比一下。方：比，

比拟。

[128] 往斧其吭：用斧砍断其喉咙。吭：喉咙。

[129] 凡叛有数：当时搞叛乱的有数镇。相倚：他们互相依存，互相勾结。

[130] 不支：支持不住，无法抵御朝廷的征讨。汝弱奚恃：你们这些弱小的叛将还有何依靠呢？

[131] 而父而兄：而指尔，汝。

[132] 卿士莫随：指朝臣中没有同意的。

[133] 小大并疑：朝中大小官员仍持怀疑态度。

[134] 不赦不疑：不赦免元凶吴元济之罪，不怀疑伐蔡必获成功。由天子明：是因为天子圣明。

[135] 惟断乃成：只有当机立断，才能获得成功。

[136] 四夷毕来：各地藩镇必定归附朝廷。四夷：本指四方少数民族政权，此指各地藩镇。

[137] 明堂：古代帝王宣明政教的地方。坐而治之：皇帝坐明堂以统治天下。

一四　毛颖传[1]

毛颖者，中山人也[2]。其先明视[3]，佐禹治东方土[4]，养万物有功，因封于卯地，死为十二神[5]。尝曰："吾子孙神明之后，不可与物同，当吐而生[6]。"已而果然。明视八世孙䨲[7]，世传当殷时居中山，得神仙之术，能匿光使物[8]，窃姮娥[9]，骑蟾蜍入月[10]，其后代遂隐不仕云。居东郭者[11]，曰㕙[12]，狡而善走，与韩卢争能[13]，卢不及。卢怒，与宋鹊[14]谋而杀之，醢其家[15]。

秦始皇时，蒙将军恬南伐楚[16]，次中山[17]，将大猎以惧楚，召左右庶长与军尉[18]，以《连山》筮之[19]，得天与人文之兆[20]。筮者贺曰："今日之获，不角不牙[21]，衣褐之徒[22]，缺口而长须[23]，八窍而趺居[24]，独取其髦[25]，简牍是资[26]。天下其同书[27]，秦其遂兼诸侯乎！"遂猎，围毛氏之族，拔其豪，载颖而归，献俘于章台宫[28]，聚其族而加束缚焉[29]。秦皇帝使恬赐之汤沐[30]，而封诸管城[31]，号曰管城子，日见亲宠任事。

颖为人强记而便敏[32]，自结绳之代[33]以及秦事，无不纂录。阴阳、卜筮、占相、医方、族氏、山经、地志、字书、图画、九流百家、天人之书[34]，及至浮图、老子、外国之说[35]，皆所详悉。又通于当代之务，官府簿书、市井货钱注记，惟上所使[36]。自秦皇帝及太子扶苏、胡亥[37]、丞相斯[38]、中车府令高[39]，下及国人，无不爱重。又善随人意，正直、邪曲、巧拙，一随其人；虽见废弃，终默不泄。惟不喜武士，然见请亦时往。累拜中书令[40]，与上益狎，上尝呼为中书君。上亲决事，以衡石自程[41]，虽宫人不得立左右，独颖与执烛者常侍。上休方罢，颖与绛人陈玄、弘农陶泓及会稽褚先生友善[42]，相推致[43]，其出处必偕。上召颖，三人者不待诏，辄俱往，上未尝怪焉。

后因进见，上将有任使，拂拭之，因免冠谢。上见其发秃，又所摹画不能称上意，上嘻笑曰："中书君，老而秃，不任吾用。吾尝谓君中书[44]，君今不中书邪？"对曰："臣所谓尽心者[45]。"因不复召。归封邑，终于管城。其子孙甚多，散处中国夷狄，皆冒管城；惟居中山者，能继父祖业。

太史公曰[46]：毛氏有两族，其一姬姓，文王之子，封于毛，所谓鲁卫毛聃者也[47]，战国时，有毛公，毛遂[48]；独中山之族不知其本所出，子孙最为蕃昌。《春秋》之成，见绝于孔子，而非其罪[49]。及蒙将军拔中山之豪，始皇封诸管城，世遂有名，而姬姓之毛无闻。颖始以俘见[50]，卒见任使。秦之灭诸侯，颖与有功[51]。赏不酬劳，以老见疏，秦真少恩哉[52]！

注释：

[1] 选自《韩昌黎集》卷三十六。一般认为作于唐元和初年，李长之认为作于元和八年，见《韩愈》十八《进学解》（胜利出版社，1944 年版）。毛，指兔毛。颖，指笔尖。毛颖，为虚拟名字，指代毛笔。韩愈借为毛颖立传，抒发了自己胸中的郁忿不平之气。

[2] 中山：山名。《元和郡县志》："中山，在县东南一十五里，出兔毫，为笔精妙。"

[3] 先：祖先。《礼记·曲礼下》："兔曰明眎。"眎：同"视"。《本草纲目》："言其目不瞬而瞭然也。"

[4] 佐禹：辅佐大禹。东方：古代以十二地支划分方位，东方是卯位。

[5] 十二神：即与十二地支相应的十二生肖。卯为兔。

[6] 吐而生：古代传说，兔从口中出生。《论衡·奇怪》："兔吮毫而怀子，及其子生，从口而出。"

[7] 䨲：音 nóu ，江东一带对兔子的称呼。

[8] 匿光：隐形。《本草纲目》集解引天玄《主物薄》云："孕环之兔，怀于左腋，毛有文采。至百五十年，环转于脑，能隐形也。"大概是古时的传说。使物：运用法术驱使各种东西。

[9] 姮娥：嫦娥。《淮南子·览冥训》："羿请不死之药于西王母，姮娥窃以奔月。"

[10] 蟾蜍：音 chán chú。《初学记·天部上》引《五经通义》："月中有兔，与蟾蜍并。"

[11] 郭：外城。东郭，犹如说东门外。

[12] 㕙：音 jùn ，狡兔名。《新序·杂事》："齐有良兔曰东郭㕙，盖一旦而走五百里。"

[13] 韩卢：战国时韩国的名犬。《战国策·齐策三》："韩子卢者，天下之疾犬也。……韩子卢逐东郭㕙，环山者三，腾山者五，兔极于前，犬废于后。"

[14] 宋鹊：宋国的名犬。《博物志》卷四："宋有骏犬曰鹊。

[15] 醢：音 hǎi ，肉酱，这里用作动词，剁成肉酱。

[16] 蒙将军恬：秦国名将。传说他是毛笔的发明者。

[17] 次：驻扎。

[18] 左右庶长：秦国的官爵名。秦制爵二十级，左庶长为第十级，右庶长为第十一级。军尉：即护军都尉，秦时军中官职。

[19] 连山：《易经》三个流派（《周易》《连山易》《归藏易》）之一。连山卦以纯艮开始，艮象征山，故名。筮：音 shì ，占卦。

[20] 人文：人事。兆：征兆，占卦所得的卦象，以卜吉凶。

[21] 不角不牙：不是长角的，也不是有利齿的。

[22] 衣褐之徒：穿布衣的家伙，指兔。

[23] 缺口：兔嘴有豁口。

[24] 八窍：《埤雅》卷三中有："咀嚼者九窍而胎生，独兔雌雄八窍"。这是古人的误判。趺居：趺坐，两腿交叠而坐。趺：音 fū ，同"跗"。

[25] 髦：毛中的长毫，亦隐喻杰出者。

[26] 简牍：古代用竹木作为书写的对象。资：依凭，依靠。即简牍靠它书写。

[27] 天下其同书：双关语，既指共同的书写方式，又指后来的"书同文"。

[28] 章台宫：秦时宫殿名。《史记·廉颇蔺相如列传》："秦王坐章台见相如。"

[29] 束缚：隐喻制作毛笔时把兔毛捆绑起来。

[30] 汤沐：即"汤沐邑"，此指王公贵族收取赋税的私邑。《汉书·高帝纪》："凡言汤沐邑者，谓以其赋税供汤沐之具也。"

[31] 管城：周初管叔所封地，即今河南郑州。这里隐喻把制作好的毛笔放在笔管中。

[32] 强记：记忆力好。便敏：灵活敏捷。

[33] 结绳之代：指远古时代。《易经 · 系辞下》："上古结绳而治。"

[34] 阴阳：指阴阳家之书。占相：占测，相面之术。山经：《山海经》的简称。地志：记载地理沿革之书，即地方志。字书：解释文字声韵训诂的书。九流：指儒、墨、道、法、阴阳、纵横、农、杂、名各学派。百家：泛指诸子百家的学说。天人之书：研究人与宇宙关系的著作。

[35] 浮图：梵文"佛陀"的音译。

[36] 上：皇帝或上司。

[37] 秦皇帝：秦始皇。太子扶苏：秦始皇长子。胡亥：始皇少子，即秦二世。

[38] 丞相斯：丞相李斯。

[39] 中车府令：秦时官职名，掌管乘舆路车之事。高：赵高。

[40] 累拜：多次被任命。中书令：即中书谒者令，相当于秦以后的中书省的长官，掌管机要，发布政令，亦即宰相。秦时无中书令官制，此为作者戏笔。

[41] 以衡石自程：每天用秤衡量出阅读公文的数量来自我约束。衡：秤。石：一百二十斤为一石。程：限量，定额。《史记·秦始皇本纪》："天下之事，无大小皆决于上，上至以衡石量书，日夜有呈，不中呈不得休息。"

[42] 绛：郡名，今山西省新绛县，当时产墨。玄：黑色。墨

以存放时间久长为好，故称陈玄。弘农：郡名，今河南省灵宝市南，当时产瓦砚。泓：水，指砚。砚有陶制的，故称陶泓。会稽：郡名，今浙江省绍兴市，时以产纸著称。楮树皮是造纸的重要原料，楮与“褚”同音，故称褚先生。实指纸。

[43] 相推致：互相推许称道，这里是协作的意思。

[44] 中书：便于书写。中（zhòng）：合乎，适用。

[45] 尽心：毛笔制法以最长最尖的一些毛作笔芯，笔芯秃了，毛笔便不中用了。“尽心”是尽职的双关语。

[46] 太史公曰：此文仿《史记》的纪传体。司马迁在《史记》纪传文的后面往往有“太史公曰”加以论赞。

[47] 鲁卫毛聃：周初分封的四个诸侯国，都是姬姓（见《左传·僖公二十四年》）。

[48] 毛公：战国时赵国的处士。《史记·魏公子列传》：“公子闻赵有处士毛公，藏于博徒。”毛遂：战国时赵国人。《史记·平原君虞卿列传》：“门下有毛遂者，前，自赞于平原君……”

[49]“《春秋》之成”三句：相传鲁哀公十四年西狩获麟，慨叹曰：“吾道穷矣。”于是孔子不再继续撰写《春秋》，故云“见绝于孔子”。这三句话的意思是说《春秋》写成之后，“中山之族”被孔子搁置起来，这并不是它自身的过错。

[50] 始以俘见：开始的时候是以俘虏的身份出现的。

[51] 颖与有功：毛颖也属于有功者。

[52] 少恩：刻薄寡恩。

用浪漫的笔触写韩愈的传记

——说长之先生的《韩愈》[1]

于天池 李书

抗战前后，在长之先生所写的专著中，《韩愈》不太有名，很少有人提到，即或提到，也认为“不足称道”（温儒敏，《中国现代文学批评史》，北京大学出版社 1993 年出版）。长之先生自己对它的评价也比较低，说：“在我所写的书之中，恐怕再没有比这本更坏的了。”但又说：“重校修改过一次，又觉得本稿尚不如想象中之坏。”（《自序》）长之先生是一个坦率的批评家，他对于作家和作品的评价有着明确的一贯的批评标准，直率敢言，好就说好，坏就说坏，从不顾及脸面。对别人的作品如此，对于自己的作品更是这样。

1944 年 5 月，长之先生应胜利出版社印维廉之邀签写了《韩愈》的稿约。交稿的期限定在 10 月初。长之先生平常写东西“是不大预计日程的”（《自序》），同时也把写论文视若创作，他说：“我写论文，有一个特点，就是视若创作。我一定等待灵感来时，好像一气

① 《韩愈》一书 1944 年由胜利出版社首次出版，为其《中国历代名贤故事集》丛书之一。

可以把握整个文字的面貌——内容和形式——了时，才激动着写下来。这种文字往往有好几年的酝酿。”（《关于写散文》，见《梦雨集》，1945年商务印书馆出版）但社会生活是非常复杂的，并不完全以文学艺术家的意志为转移。文学艺术家生活在社会中，他离不开实际生活，也需要生活，特别是当他需要钱的时候，他不能不屈服于生活，适应于生活，即使是创作习惯也不能例外。

本来，就长之先生的创作速度和能力而言，在四五个月当中写《中国历代名贤故事集》中的《韩愈》这部七万字的稿子，并不是困难的事。

可是处在颠沛流离之中的长之先生这时的生活真是困苦到了极点：

生活让他签了这个写急就章似的稿约，而生活的困难又使他根本无法正常投入写作。就创作时间和环境而言，稿约是在五月初签订的，“但六月一开始，即接到母亲的信说病了，便立刻乘汽车赴绵阳，去看她并接她。来是水程，到达时已是七月。水程是相当危险的，有一次夜间狂风雨大作，船已漂在江心，顶篷都被吹去了，我自忖大概到了生命的尽头，却幸母亲和三弟终于随我安全地到了重庆了。很可纪念的是，一部《韩昌黎全集》却也就在水程中读了一过。七月中又为安家忙，天也热，竟未能着笔。八月要动笔了，但想到所写的《司马迁评传》还有些头绪急待发挥，因而先抽空写了《史记各篇著作先后之可能的推测》一长文。九月的前半，则为要晓得韩愈在整个古文运动中的地位，以及古文风格的整个演化，乃把《古文辞类纂》又从头到尾一页一页地翻读了一遍”。从《韩愈》文稿的签约到正式写作的六、七、八、九四个月的时间就是这样度过的。“所以事实上本书乃在九月十八日才正式动手，费了十四天工夫，在十月二日写完。”（《自序》）在实际动笔的这段紧迫的时间里，长之先生还要愁米愁柴——当时家里已到了“瓶无储粟”的地步。有一次长之先生的弟弟觉得哥哥实在辛苦，悄悄用家里的钱买了一个老玉米（长之先生最喜欢吃新鲜的老玉米）给他吃。长之先生发现后，立逼着退还，因为家里连买老玉米的多余的钱也没有了。此时还有日寇飞机的轰炸，每当听到飞机空袭的警报，长之先生便不顾一切地背起老母往防空洞里跑，有时一夜几次，提心吊胆，疲惫不堪。

不能说时间短就一定写不出好文章，不能说缺乏好心境也写不出好文章，但在如此恶劣的环境下，在连基本的创作条件和环境都不能保障的情况下，长之先生能够在十四天的时间里写出七万字的作品，其艰辛可想而知。

值得我们注意的是，在长之先生的古典文学传记文学评论中，其传主大都是属于浪漫派的，《道教徒的诗人李白及其痛苦》《司马迁的人格与风格》都是如此。据说长之先生在创作《道教徒的诗人李白及其痛苦》时，某出版社曾向他约写关于诗人杜甫的稿子，长之先生不愿意写，问：“为什么不可以写李白？”——他愿意写李白。就长之先生的本质而言，他是一个浪漫主义的作家和学者，他的批评兴趣自然也在浪漫主义的作家和作品上。所以，当他为了生活而签约，写一个古典精神较浓的作家的传记的时候，他在创作激情和心态上自是隔了一层。

长之先生对于《韩愈》这部书是不满意的，但不满意在哪里，长之先生没有说。在我们看来，不满意之处，大概有这么几个方面。

其一是，由于是急就章，这本书显得单薄，它只是简要概括地叙述了韩愈一生的主要事迹。作为故事的叙述，它太缺乏想象和描述的手段，也没有很好地展开，苛刻点说，从情节上，不过是新旧唐书韩愈传的扩大。其二是，它缺乏必要的背景介绍和评述。比如唐代的社会文化背景，尤其是在韩愈生活的中唐时期的政治、经济、文化状况如何，《韩愈》缺乏必要的说明，使我们感受到的只是韩愈孤立的活动。全书对于韩愈的重要作品，虽然进行了简要、赏析性的介绍，但多只限于古文；也引用了韩愈的诗歌，却只在说明他的行状，对于他的诗歌创作的特点，其诗在中晚唐诗坛上的地位和影响，缺乏贯通性的评述。韩愈所领导的古文运动，是韩愈一生文学活动中颇为重要的大事，本书虽然不是没有触及，但语焉不详，缺乏必要的论述和说明。

作为一部人物传记故事集，《韩愈》确实不太成功，它不仅单薄，也缺乏故事集所应该有的细腻生动的描写和波澜紧张的情节。这原因一部分可以归咎于韩愈传记本身资料的缺乏和不生动，一部分当然要归咎于长之先生本身的弱点，长之先生缺乏小说家的天赋，他的好朋友吴组缃先生就批评他在叙述人物故事时缺乏具体细致的描写。但学者或者作家都各有专长，一方面的弱点，有时又恰恰是另一方面的长处。况且，一部书的有无价值，在于它有无长处，有无益处，而不在于它有无缺点。长之先生是文学批评家，尤其被人推崇为“传记文学批评家”，他的长处在批评而不在叙事。而《韩愈》的佳处正在于批评的闪光，而非故事的叙述。这是长之先生自负地说“我不能说在什么时候自己再写一部较佳的《韩愈评传》，不过相信，就是写，也还是以这些为基础而已”（《自序》）的原因。

但《韩愈》毕竟不属于传记文学批评，它属于《中国历代名贤故事集》这部丛书中的一个分册，是故事集。既然是故事集，就应该按照写故事集的体例去写，而在这方面《韩愈》显然是不成功的。不过，社会上对于长之先生《韩愈》的批评，却大都不是从故事集的角度而是从传记文学批评的角度去要求它，以至有些方枘圆凿。

如果我们抛开体例的批评，那么，作为一本小册子，《韩愈》给我们勾画出了韩愈完整的面影，使我们对于韩愈的人格与风格有了清晰的认识，在这方面，长之先生有很多发前人所未发，颇为独到的见解。比如，他认为韩愈“人格一面是卫道，是严肃；但另一面却又热诚、温和，甚而幽默。他的文章，在根底上是‘碑’的精神，所以写那么些墓志铭并非偶然，也并非全为谀墓之作；至于表现在《原道》《谏迎佛骨表》等中的韩愈固然是真的面目，但表现在抒情诗、不经意的信札，或者遣兴的滑稽之作如《送穷文》《毛颖传》《进学解》等中者，也许更真些”（《自序》）。“韩愈是中国过去人文教育成功的一个例证。中国过去人文教育的最大特色是，一方面讲美，一方面讲用。前者的成就为诗人，后者的成就为治世之才。中国人在过去凡在传统的人文教育中培养得成功者，往往兼之，韩愈便是最佳的一例。他很有个性，很有感情，但同时也很能洞达实际社会情况，能善为应付；他一方面既热心国家社会的事业，但另一方面也不委屈自己的进退。这传统应该说自孔子始。古文家之‘古’，也无非以孔子为理想，但真正做到的太少了，韩愈却已是多少具体而微的。”（《韩愈》第十九章“淮西用兵”）他非常注意从人格精神上来说明韩愈的平生所为。他认为韩愈所领导的古文运动的成功，与韩愈的好群的性格有关：“韩愈的情感很丰富，尤笃于友道。”“韩愈永远是有群的生活的人。所以他能有号召，能成派，再加上煽动的笔锋、雄辩的辞令，古文运动之成功于韩愈之手，不是偶然的。”（《韩愈》第十一章“四门博士”）他在指出韩愈排斥佛教，是出于民族文化的立场之后，便谈到这与韩愈的宗教性格有关。他说：“韩愈本人是有宗教性格的，客气一点说，他俨然是儒家的一个殉道者；不客气说，他自己就是要当一个教主的。以宗教之排他性言，尤其不能容佛。”（《韩愈》第二十章“谏迎佛骨表”）这些说明都鞭辟入里，令人信服，是在他之前很少有人谈到的，表现了长之先生一贯地注重人格与风格互相辉映阐发的批评特色。

长之先生是一个浪漫主义的学者，他推崇浪漫主义的作家，也强调他所评论的作家作品浪漫的一面，即使是像韩愈这样的作家也不例外。他介绍韩愈的文章，往往强调其抒情的一面，比如他赞美其《祭田横墓文》，便说：“全文不满二百字，可是含义丰富极了，感慨是多方面的，文情是曲折的。他先是羡慕，后是疑惑，但又认为当然，最后却又是赞誉了。这唱歌式的抒情笔调，又这样峰回路转，恐怕只有司马迁才能够！其中富有青春的活力，是更不用说的了。”（《韩愈》第七章“东行”）他叙述韩愈的人格，也强调他浪漫的一面，说：“到了这年的七月，韩愈因病退休，曾作有《复志赋》。”“从这里看，韩愈也未尝没有恬退之想。这一受挫折就思退，是和前些时在京师的躁进状，同为青年时期之纯真的表现。这样，我们就不唯不觉得他三上宰相书为可厌，而且觉得可爱——一个不知世间艰辛的青年的可爱了！”（《韩愈》第八章“初入仕途”）他介绍完韩愈的《五箴》后，便说：“大抵韩愈是偏于狂者一流，从前张籍即已告诫过他说话不要太任性了。他的好恶也是偏极了的，所谓‘无善而好，不观其道，无悖而恶，不详其故’，而且一经好恶之后，则后来进退两难了，这是他浪漫性格的一面。‘急于人知’的好名脾气，也是真的。但另一方面，韩愈之可爱，却就在他有生气，生命力强，虽小有过失，倒不失为一个活泼泼的人。”（《韩愈》第十四章“郴县著书”）这是一个活泼泼的有血有肉的韩愈，也是长之先生心目中的韩愈。长之先生所描述的韩愈自不无失真的可能，但较之中国以往传统文献中的韩愈应该说更近于韩愈的“真面目”。

长之先生在清华大学读的是哲学系，他有着思辨的兴趣，有着哲学方法论和思想史的深厚的功底，再加上此时他正深潜于中国美学史的研究，写有《秦汉之际人们精神生活及其美学》《如何谈中国文化》《儒家的根本精神》《释美育并论及中国美育之今昔及其未来》《论中国人美感之特质》《古代的审美教育》等一系列论文，因此，他在《韩愈》中对于韩愈在中国思想史上的地位，对于韩愈文章在思想史上的贡献，乃至韩愈文章在美学上的特点，常有一些精辟之论，闪耀着思想史观的闪光。像他说“《原道》《原性》《原毁》《原仁》《原鬼》”，“可称得起在中国思想史上的重要文献”。“五文之中，《原道》尤其重要。”“这篇文章的最大价值是说明儒家哲学之社会的根据，是发现人类社会之生存的体系机构。最后更以一种人道主义，以救济病态思想的流行：‘鳏寡孤独废疾者有养也，其亦庶乎其可也！’设想不能算不周到。假若社会本位是中国思想的特色时（事实上确如此），韩愈这篇文字无可厚非，而且也确乎可以当‘道统’的重任。这也可以说是韩愈接触了异域思想后，对于自己的文化传统之觉醒，并对于自己的文化传统的洗刷。宋明的新儒学运动，无论如何要以这为纪程碑。这样看，我认为它是两千年的中国思想史上的重要文献之一，一点也没有过分。倘若不就大处看，当然不会了解它的价值了。”(《韩愈》第十四章“郴县著书”)他说：“从前包世臣说字有碑帖之别，我觉得文章亦然。金石之文，就是所谓碑；抒情之作，就是所谓帖。韩愈的文，因为是兼具碑帖两种性质（略偏重于碑）的，所以成就最大。但这是单就文章的技术看如此，就内容看，就觉得他究竟表现情趣和思想的太少了（不过这是机会的问题，我们对他只有原谅和同情）。”(《韩愈》第八章“初入仕途”)“就文章论，他是宁偏于金石之文的碑味的。所以他写了那么些墓志铭，也并非偶然。唐朝颜真卿的字，也是偏于碑的，这或者是一种‘时代精神’吧。”(《韩愈》第十八章“进学解”)长之先生在二十世纪四十年代对于韩愈的评论，至今读起来依然生气勃勃，假如我们想到韩愈“在‘五四’时代，又是多么招骂的目标”，长之先生写《韩愈》的时间与“五四”相隔二十多年，那么，这些原创性的意见就更加可贵了。这是长之先生在“重校修改”后觉得《韩愈》“不如想象中之坏”的一个缘由，也是部分读者以传记评论视《韩愈》的原因。

可惜的是，毕竟由于时间匆遽，并限于故事集的体例，长之先生的这些很好的观点并没有得到展开和阐释，只是断锦片羽而已。

在长之先生创作《韩愈》的同时，他的《司马迁的人格与风格》一书也在构思和创作之中。当时未题今名，称《司马迁评传》。《司马迁评传》较之《韩愈》幸运多了，它没有人去计日程功，督催逼命；长之先生也不必按时交稿，而是按照往日的写作习惯，“只让作品自然地写出”就行了。由于写《韩愈》和《司马迁评传》在文思上并行齐进，是同时撰稿的，而韩愈的古文又深受司马迁的影响，长之先生在写作《韩愈》时自然而然地将韩愈与司马迁辉映对照，形成了《韩愈》写作上的有趣现象：

> 他当时作有《祭田横墓文》……这唱歌式的抒情笔调，又这样峰回路转，恐怕只有司马迁才能够！（《韩愈》第七章“东行”）
>
> 我们惊讶的是韩愈风格之丰富，简直像司马迁！（《韩愈》第十一章“四门博士”）
>
> 他又作有《送孟东野序》……这不啻是用“不平则鸣”的观点所看的一部上古文学史，其中对六朝的看法，可以认为是古文派对他们的正式交锋。往远处说，也许韩愈这意见就是司马迁发愤著书说的继承。（《韩愈》第十二章“《送孟东野序》”）
>
> 这时所作的《送石处士序》……曾国藩、吴汝纶都看出此序是讥讽，而且是狡猾的讥讽了，这是对的。我还要补一句，这种狡猾，完全是由司马迁来的。（《韩愈》第十七章“分教东都”）

不过，仔细阅读长之先生关于韩愈和司马迁这些交相辉映的评论段落后就会发现，在长之先生的心目中，韩愈和司马迁的分量并不是半斤对八两，也不是一种简单的比附，而是以司马迁为主，韩愈为宾，主宾是分明的，爱和赞叹的程度是有层次的，司马迁才是长之先生的最爱。

批评家的人格和性情是不能勉强的，即使表现于其所评论的作家和作品时也是如此。长之先生常讲他主张感情的批评主义，说："我以为，不用感情，一定不能客观。因为不用感情，就不能见得亲切。""没有热烈的憧憬，是不能有清晰的概念的。感情就是智慧，在批评一种文艺时，没有感情，是决不能够充实、详尽、捉住要害。"(《我对于文艺批评的要求和主张》，引自《批评精神》，1942年南方印书馆出版）这是他在文学批评上持浪漫主义态度的表现。尽管他说这种批评"是把带有自己个性的情感除开，所用的乃是跳入作者世界里为作者的甘苦所浇灌的客观化了的审美能力"，因此"乃能褒贬任何个性的作家的成绩"。但在实际的批评实践中，批评家却很难真正把自己个性的情感完全除开。司马迁和韩愈都是在中国文化史上建立了赫赫功勋的作家，都是长之先生所崇敬的，但在浪漫主义的司马迁和古典主义的韩愈之间，无疑长之先生的性情和人格精神更近于前者。长之先生所写的《韩愈》在学术品位上不能和《司马迁的人格与风格》一书相比，不是一个简单的创作时间长短和心态是否从容的问题，更不是字数的多寡、书籍的厚薄所能简单解释得了的，这同批评家个人的人格精神和性情的关系可能更密切些。

从韩愈到李商隐[1]

把对于现实的反映看作不如技巧的重要的，是韩愈到李商隐的另一条道路。他们是发展了杜甫的看重艺术的一面的。

韩愈的生年较早，他比白居易早生四年（公元七六八年）。那时杜甫还活着。诗人李白曾经给他父亲仲卿写过碑文。他死年也较早（公元八二四年），比白居易早二十多年。这说明他的时代是接着盛唐的余绪的。

韩愈不只是一个诗人，也是一个著名的散文家。他所提倡的“古文”，实际上是创造性的更近于口语的散文，他在这一方面的功劳是像陈子昂、李白等在诗方面的复古主张一样，给唐代的新散文打下了基础，一直为两宋以来的古文运动所承袭着。但到了后来只流于形式的模仿的时候，便失去了韩愈当时提倡古文的进步意义了。

在思想上，韩愈是儒家的一个战士，他在散文中所体现的儒家思想，正是和杜甫在诗歌里所体现的相似。这也就是后世每把“韩文、杜诗”并称的缘故。但他当时对于佛教的攻击的意义与其说在思想上，却毋宁说在经济上，“古之为民者四，今之为民者六；……

① 本文节选自李长之《中国文学史略稿》。——编者注

农之家一，而食粟之家六；工之家一，而用器之家六；贾之家一，而资焉之家六；奈之何民不穷且盗也！”（《原道》）所谓六，就是在士农工商之外添了不劳而获的佛、老。当时的僧院的确是一个大剥削的机构，它们一方面有土地，向农民进行剥削，另一方面却又不纳税，不服兵役，这更无异增加了普通老百姓的负担。韩愈在发那个议论时在八〇五年，后来过了四十年，唐武宗一度毁坏佛寺，便收回“良田数千万顷，奴婢十五万人”，另有还俗的“僧尼二十六万五百人”。这样看，韩愈在当时反对佛教是合乎人民的利益的。在思想上，韩愈的宣扬儒家，又成了宋、明理学的先驱。

很可称道的一点是，韩愈是一个出色的教育家。这不但表现在他善于讲学，喜欢奖掖后进，而尤其表现在他自己虽然攻击佛、老提倡儒学，却又鼓励人自由思想上，例如他的《进士策问十三首》，就有一条是：“当周之衰，管夷吾以其君霸，九合诸侯，一匡天下，戎狄以微，京师以尊，四海之内，无不受其赐者。……秦用商君之法，人以富，国以强，诸侯不敢抗。……而后代之称道者，咸羞言管、商氏，何哉？庸非求其名而不责其实欤？愿与诸生论之，无惑于旧说。”其他各条也都是富有启发性的。

作为一个诗人论，他是有意识地推崇李、杜，并且是由文学史的眼光加以推崇的：“国朝盛文章，子昂始高蹈。勃兴得李杜，万类困陵暴”（《荐士》），同时他也是第一个把李、杜并尊的人，“李杜文章在，光焰万丈长。不知群儿愚，那用故谤伤”（《调张籍》）。和他在散文上的主张一致，在诗上也同样鄙夷齐、梁：“齐梁及陈隋，众作等蝉噪。搜春摘花卉，沿袭伤剽盗。”（《荐士》）但可惜的是他所得于李、杜的，是技巧的形式方面，更可惜的是由于他自己的过分追求形式的结果，走入古怪的一途：“我愿生两翅，捕逐出八荒。

精诚忽交通，百怪入我肠。”（《调张籍》）他那赞美孟郊的两句话正可以移赠给他自己：“横空盘硬语，妥帖力排奡。”（《荐士》）气魄倒是有的。

像《同冠峡》的一首：

> 南方二月半，春物亦已少；
> 维舟山水间，晨坐听百鸟。
> 宿云尚含姿，朝日忽升晓；
> 羁旅感和鸣，囚拘念轻矫。
> 潺湲泪久迸，诘曲思增绕；
> 行矣且无然，盖棺事乃了！

可以见他风格的一斑。对于油腔滑调的诗说，他的作品是有矫枉作用的，因此，宋代诗人曾对他有着极高的评价，事实上他的诗也曾经影响过宋诗的发展。

当时受了韩愈影响的诗人有孟郊（公元七五一年至八一四年）和贾岛（公元七七九年至八四三年）。他们的生活圈子较小，做诗成了主要的生活内容，元好问批评孟郊是“东野穷愁死不休，高天厚地一诗囚”；贾岛自己也说“依诗做活计”，“至亲唯有诗”。他们创作的严肃态度当然是好的，但他们走得不但比杜甫过分，而且比韩愈还要过分，以至于过分到把内容挤小了。他们被称为苦吟派。苦吟派一直到晚唐、五代都还有着影响。

夭折的青年诗人李贺（公元七九〇年至八一六年）曾经获得韩

愈的赏识。他在诗歌中有一种反骈偶的倾向[①]，这正是韩愈的同调。李贺诗的特点是丰富的想象和鲜艳的词藻，如：

> 老兔寒蟾泣天色，云楼半开壁斜白。
> 玉轮轧露湿团光，鸾佩相逢桂香陌。
> 黄尘清水三山下，更变千年如走马。
> 遥望齐州九点烟，一泓海水杯中泻。
>
> ——《梦天》

他已有很深刻的反映现实的作品，像《感讽》《老夫采玉歌》等，不过，一般地由于用他独创的艺术形式表现出来，不易为一般人所理解。这是一个很有创造性的诗人。只因他只活了二十七岁，不能充分发挥他的天才。继续走他的道路，而且走得较成熟，并具有独立风格的是李商隐（约公元八一三年至约八五八年）。他为李贺写了小传，他的诗集中也有效李长吉体。当然，他是多方面学习的诗人，也是李、杜并尊的[②]，但特重杜甫，尤其学得了杜甫七律的技巧。他对韩愈也有着崇拜，《韩碑》一诗就是证据。他是在韩愈注重诗的技术的影响下独成一派的发展，而李贺恰是其间的桥梁。

由于李商隐最初的老师令狐楚是牛党，而和他结婚的是李党的王茂元的女儿，这就使他终生压抑在党争的圈子里。他的诗里充分表现了像他那样一个地位不高的人的悲哀。他又用美丽的词藻写了

---

① 王礼锡：《李长吉评传》，页六五至一〇四。

② 见《漫成》五章，其二。

很多出色的歌咏爱情的诗歌，他善于写相恋的心理过程，并很尊重他所爱的人物的人格，这在封建社会里是不可多得的。像“春蚕到死丝方尽，蜡炬成灰泪始干”（《无题》），可以代表他的情感的浓挚和技巧的高妙。他也有部分反映现实、反映民间疾苦的诗（如《行次西郊作一百韵》），他也有反抗性较强的诗（如“却羡卞和双刖足，一生无复没阶趋”的《任弘农尉献州刺史乞假还京》），他也有人民性较显著的诗（如“可怜夜半虚前席，不问苍生问鬼神”的《贾生》），不过终为他的情诗所掩。他的诗曾影响宋初的西昆体。

同样推崇李贺的杜牧（公元八〇三年至八五二年），曾有意识地反对元、白，是他这一派。把这种伤春伤别的情感写入更合适的形式——“词”——里的温庭筠（公元八一八年至约八七二年？）也是他这一派。他们都死在黄巢起义以前。照他们这一派的发展，是势必发展到“词”的兴盛上去的，但由于黄巢起义，伟大的现实又鼓舞了晚唐产生了一批现实主义的歌手。

韩愈的《石鼎联句诗序》《毛颖传》[1]

传奇在这个时候，却又有一个新方向在发展，那就是滑稽的、理智的、近似童话和寓言的方向，而那文字本身也往往明白告诉人这是虚构的。

这样的具体的代表有韩愈的《石鼎联句诗序》和《毛颖传》。韩愈（公元七六八年至八二四年）的两篇作品写在元和七八年（公元八一二、八一三年）间。《石鼎联句诗序》文中已明确地记出是写在元和七年，大意是说有一个九十多岁的面貌极丑的道士叫轩辕弥明，逢见刘师服、侯喜谈诗，最初刘侯二人很瞧不起他，但是当他们指着石鼎联句的时候，才发觉他不但造语敏捷，而且像那些“谬当鼎鼐间，妄使水火争”，“方当洪炉然，益见小器盈”，“形模妇女笑，度量儿童轻”，“时于蚯蚓窍，微作苍蝇鸣”等尖锐的讥讽的诗句，却是一个不能招架的敌手，于是只好佩服，“愿为弟子”了。后来道士睡去，“鼻息如雷鸣”，刘侯二人当时连气也不敢喘，因为倦极也就睡着，可是醒来已发现道士不在了，再也寻不着了。有人说这个叫轩辕弥明的道士，其实就是韩愈自己，因为轩辕是韩的拼

① 本文节选自李长之《中国文学史略稿》。—编者注

音，而弥明就是愈的意思[①]，这个说法该是对的。因此这个道士的诗才也就是韩愈的诗才，这个道士对那般目光短浅的市侩主义的人物的讥讽大概也就是韩愈对于奚落自己的人的回敬了。

《毛颖传》是关于笔的一篇童话。文中暗示毛颖的先世是兔，又说他见秦始皇时因为脱帽被发现了已经秃头，他所记载的事情也不能称秦始皇的心，便终于被秦始皇冷淡了。我们知道韩愈是在元和八年做过史官的，可能这是寄托自己虽为史官而由于压抑公论不能尽职的苦闷的。

韩愈对于传奇的兴趣曾惹起了他的友人张籍的反对，张籍曾在给他的信上说他不该“以驳杂无实之说为戏”，而他的答复是：“昔者夫子犹有所戏，诗不云乎：‘善戏谑兮，不为虐兮。’记曰：‘张而不弛，文武不能也。’恶害于道哉！”后来《毛颖传》等出来，柳宗元还“恐世人非之”，于是写了一篇《读〈毛颖传〉后》，为的是叫人认识“前圣不必罪俳也”[②]，可见当时对于传奇还存在着赞成和反对的两种态度，而韩愈和柳宗元——两位古文运动大师，却是赞成的。

《石鼎联句诗序》和《毛颖传》本身是有讥讽市侩主义和争言论自由的积极意义的，但同时这也是传奇文学中加入了滑稽和带有理智成分的一类作品的开始。

---

① 据查，此处引宋代洪兴祖的说法。洪兴祖云：“石鼎联句诗或云皆退之所作……轩辕寓公姓，弥明寓公名。”——编者注

② 柳宗元：《答杨诲之书》。

长之自订年谱

余年十二，始有日记，战乱流离，四十以前，已无存者。是后虽未辍，然兴会不同，简繁悬殊，有数月而未著一字者。今年逾知命，悔往日而追来者，乃粗列年谱，以自省览，未足为外人道也。长之记，时年五十五。

一九一〇　庚戌　清宣统二年

祖父年五十，父年廿三，母年廿二

十月卅日，余生于山东利津城内东街，乳名东生。原名长治，后改长植，通行者为长之。

一九一一　辛亥　清宣统三年　一岁

外祖家福盛和歇业。

一九一二　壬子　中华民国元年　二岁

五月，余随祖父、祖母、母，迁齐河。

夏，父毕业于山东高等学堂。在商埠小学任教。时余识字约三百，因伯父劝阻而止。

一九一三　余家迁洛口。余随母赴济南，母入女子师范保姆班。

一九一四　是年三月，余同母回洛口，因种痘，大病，几死。

一九一五　是年春，余全家迁济南，住司里街，康姓家。

一九一六　移住所里街。

余母再入学，系师范班，余则随母入女子师范蒙养园，后称幼稚园。其地在毛家坟。

一九一七　是年春，因伍大洲在周村宣布独立，讨袁世凯，全家避难于东关耶稣教堂，二十余日。余祖母入教，十月病殁。

一九一八　是年夏，因幼稚园迁虹桥，余入济南第一师范附属小学第一部。其地在南城根。时周骍与余为伴。校中所习为文言。

一九一九　济南抗日，校中组十人团，抵制日货。余开始读课外书。

一九二〇　是年改国文为国语。余读至国文第六册时已易书。王世栋任小学主任。

一九二一

一九二二

一九二三 余入济南第一中学。是年夏识臧克家。

一九二四

一九二五

一九二六 余考入山东大学附属高级中学文科，旋转理科。

一九二七

一九二八 余入国民党。

转入齐鲁大学附属高级中学。

一九二九 三月，日军始退出济南。

春，转入聊城第三师范后期师范，毕业。

秋入北京大学预科甲部（理学院）。国民党关系中断。编北京《益世报》“前夜副刊”。作《我所认识于孙中山先生者》，后六年始发表。

一九三〇

一九三一 秋考入清华大学生物系。

南下参加抗日请愿，至南京。

一九三二 《请教于八股式的唯物辩证法》发表。

一九三三 是春，余转哲学系。父病，中风。

参加《文学季刊》编辑委员会。

《我对于文艺批评的要求和主张》发表。

一九三四 任《清华周刊》文艺栏主编。

诗集《夜宴》自印出版。

创刊《文学评论》双月刊。

一九三五 主编天津《益世报》“文学副刊”。三月六日创刊，发表《鲁迅批判》。

五月至彰德、开封、郑州、洛阳、西安旅行。

《论人类命运之二重性及文艺上两大巨潮之根本的考查》发表。

《论伟大思想家的共同点》发表。

一九三六 九月二十日，父年四十九，病逝。时祖父年七十六，母年四十八。

清华大学毕业，任清华华侨生、蒙藏生导师，京华美术学院美学及西洋美术史教授。

一九三七 七月二十日离平，至济。八月十三日至南京。九月初经香港、河内至昆明。

任云南大学教员，讲大一国文、哲学概论、文艺批评。

一九三八 五月廿九日离滇。经筑，过渝，至蓉。

任成都清华中学高中部语文教员，兼图书仪器主任。

十月卅日，重庆，中央大学助教。

加入中华全国文艺界抗敌协会。

一九三九

一九四〇 任教育部研究员，研究中国文学批评史。兼中央大学讲师。

夏，参加《星期评论》筹备工作，出版前退出。

《波兰兴亡鉴》《道教徒的诗人李白及其痛苦》《星的颂歌》出版。

一九四一 任中央大学中国文学系讲师，授中国文学批评史、文学概论、论语研究。

《苦雾集》《西洋哲学史》《文艺史学与文艺科学》出版。

一九四二 国民党重新登记。

一九四三 任中央大学副教授。

结婚。

《德国的古典精神》《批评精神》出版。

一九四四 九月二十日，长女李诗生。

主编《时与潮文艺》“书评副刊”。

《迎中国的文艺复兴》《中国画论体系及其批评》《北欧文学》《韩愈》出版。

一九四五 春，在重庆北碚编译馆任编审；夏，以休养辞中央大学。

《梦雨集》《歌德童话》出版。

译康德《判断力批判》，校译席勒《威廉·退尔》。

一九四六 二月二日飞南京，编译馆图书主任。

作《审奸杂感》《燕子》。

主编《和平日报》副刊。

十月五日由海上至北平，任北平师范大学副教授。

主编《北平时报》“文园副刊”。

《论传统精神和传统偏见》发表。

一九四七 二月十三日蒋豫图被捕，余为访胡适，廿三日被释。

为《世界日报》撰社论。七月七日退出。

三月十九日《文园》停。

《司马迁之人格与风格》出版。

一九四八　任北平师范大学教授。

三月二日得读美人SOMERUILLE《苏联哲学》。

一九四九　四月四日作《世上只有一条路》一诗。

四月八日加入新民主主义文化建设协会。

七月出席全国第一次文学艺术者代表大会，会后赴东北参观。先后至沈阳、长春、哈尔滨、大连。

任师大工会副主席。

一九五〇　四月二十日入华北人民革命大学政治研究院学习。

一九五一　三月廿三日次女李书生。

赴四川参加土改。

《大理石的小菩萨》《龙伯国》《李白》出版。

一九五二　《陶渊明传论》出版。

一九五三

一九五四　代理教研室主任。

《中国文学史略稿》第一卷、第二卷出版。

一九五五　八月十八日三子李礼生。

《中国文学史略稿》第三卷出版。

一九五六　《诗经试译》《孔子的故事》《强盗》《司马迁》出版。

一九五七

一九五八　降级处分。

一九五九

一九六〇

一九六一

一九六二

一九六三

一九六四

一九六五　始读世界史。

一九六六

一九六七

一九六八

一九六九

一九七〇

一九七一

一九七二

一九七三

一九七四

一九七五

一九七六

一九七七

注：此《长之自订年谱》为长之先生“悔往日而追来者”所作，时间则 1966 年，为“文革”时也。偏于政治，而学术立场亦重。家庭中叙祖父、祖母、父、母、子、女。不及弟、妻。朋友则叙及周骍、臧克家、蒋豫图。

康德《判断力批判》应该是已经完成。

自一九五七年之后，基本一片空白。

李长之传略

李长之是中国现当代著名的作家、批评家、翻译家、学者、教授。原名李长治，初中至大学曾用名李长植，大学以后用李长之或长之之名。山东利津县人。生于一九一〇年，卒于一九七八年，享年六十八岁。

（一）

李氏家族是利津县的望族，著名古代钱币专家李佐贤就是这个家族的。清末民初文化教育的大变革时期，李氏家族依然居于前列。据民国二十四年修的《利津县续志》[①]记载，从清光绪二十八年到民国二十三年间，利津县的大学及专门学校毕业的学生共五十八人，李氏家族十五人，占了四分之一还要多。其中李长之和他的父亲李泽堉均榜上有名。李泽堉还是县里唯一学习英语专业的，领风气之先。

---

① 利津县史志办公室. 利津县志，民国卷：卷五 [Z]. 东营：东营市新闻出版局，2007.

李泽堉受过新旧两种教育：既是中国最后一场科举的秀才，又毕业于相当于大学预科的山东高等学堂，掌握两门外语——英语和法语。后任教于济南商埠第一小学，长期在山东省的外交机关——外交部特派山东交涉员公署当公务员。一生勤奋、节俭，没有享受，没有嗜好，甚至也没有娱乐。他在晚年曾对李长之讲："我的生活就像表。在别人看，表的生活是再机械也没有了，是再枯燥也没有了，可是它的生活虽机械而枯燥，但别人假若因为表而作出些有意义的生活，表而有知，表不是也很安慰么？"[①] 这代表了他的人生观，给予李长之以很深的影响。

母亲黄素是一个热情好学而又喜爱艺术的人，从济南山东女子师范毕业后长期从事教育工作。

出身世家，父母又都受过新式教育，李长之可谓幸运儿。

李长之两岁左右离开利津，随父母先后迁居齐河和洛口，后定居济南。八岁入济南第一师范附属小学读书，后值五四运动爆发，校长王世栋为山东新文化运动代表人物，他把"五四"时期的许多文章汇集为一册《新文化评论》广为宣传。在这个学校，李长之第一次接触到白话文，也接触到解放的思想，阅读了胡适、鲁迅、郑振铎等人的作品。他后来回忆说："我是完全在这新文化运动的洗礼中而生活过来的，我感觉到她的光辉，我承受着她的营养。"[②]

一九二九年，李长之在山东聊城第三师范取得毕业证，负笈

① 李长之. 李长之文集：第八卷 [M]. 石家庄：河北教育出版社，2006：522.

② 李长之. 李长之文集：第八卷 [M]. 石家庄：河北教育出版社，2006：394.

北上，考入北京大学预科甲部（理学院）。一九三一年秋，考入清华大学生物系。一九三三年转入哲学系。在清华大学，他比较系统地学习了西方文化，尤其系统阅读、沉潜研究了德国古典时期温克尔曼、歌德、康德等人的作品，选择了文学批评作为学术研究方向。他参加郑振铎主编的《文学季刊》编委会，主持其中“书评副刊”。与杨丙辰创办《文学评论》。主编天津《益世报》“文学副刊”，发表《鲁迅批判》系列论文，由此奠定了其现当代文学批评家的地位。毕业后在北平先后任清华大学华侨生及蒙藏生导师、京华美术学院教授。

一九三七年，应熊庆来之邀，李长之赴云南大学讲学。因撰写《昆明杂记》事件于一九三八年离任，辗转到四川成都，后到重庆中央大学任助教。在中央大学期间，李长之阅读了希腊古典时期柏拉图等哲学家的巨著。尝言“我有三个向往的时代”，“我所谓的三个可向往的时代：希腊，周秦，古典的德国”。[①] 这三个时代的理想主义是李长之的学术渊源所在，是他的学术理想，也是其学术赖以成就的基础。在中央大学，李长之在讲授中国文学批评史、论语、文学理论、中国小说史等课程和担任《时与潮文艺》双月刊的“书评副刊”主编之余，出版了《西洋哲学史》《波兰兴亡鉴》《批评精神》《梦雨集》《苦雾集》等一系列学术著作，同时翻译了玛尔霍兹《文艺史学与文艺科学》。一九四四年，李长之因病离开中央大学。应梁实秋之约，于一九四五年任北碚中央编译馆编审，翻译康德《判断力批判》。抗战胜利前夕，出版了《迎中

---

① 李长之. 李长之文集：第十卷 [M]. 石家庄：河北教育出版社，2006：151.

国的文艺复兴》。

一九四六年，李长之随编译馆复员来到南京，代理编译馆图书主任，负责接收敌伪一部分图书。并为重庆版《世界日报》撰写社论，任《和平日报》“和平副刊”主编，为《世纪评论》杂志撰稿。这一时期，李长之陆续完成其《司马迁之人格与风格》。秋，李长之回到阔别已久的北平，应黎锦熙之邀，任北平师范大学副教授，后任教授，直到去世。

一九四九年北平解放，李长之出席全国第一次文代会。旋即于一九五〇年因《鲁迅批判》受到攻击，并在《武训传》电影被批判时罹网其中。从此“华盖”频仍，在之后的历次政治运动中皆受到攻击。

一九五七年，李长之被错误地划成“右派”，从此被剥夺了教学和写作的权利。“文化大革命”爆发，复被打成牛鬼蛇神，受到残酷迫害，于一九七八年因病去世。

（二）

李长之天赋颖悟而又刻苦勤奋。

十二岁在小学时正式开始写作，主要是新诗、散文，发表在《儿童世界》《少年》《小朋友》上。由于他长得瘦弱、矮小，起初常有小孩欺负他。后来孩子们听大人说他是“拿稿费的孩子”，便对其产生了敬畏之心。中学时，李长之已是山东《东南日报》、天津《大中日报》记者，济南《长夜》副刊编委。考入清华大学后，曾因主编《清华周刊》文艺栏声名鹊起。当时李长之只是清华本科生，却已经是在北平的闻一多、梁实秋、周作人、郑振铎、巴金、曹禺、卞之琳、俞平伯、李广田、朱自清等众多文化名人的座上客，与远方的鲁迅、老舍、林语堂、臧克家等也有着密切的通信往来。他的文章像雪片一样刊载在《大公报》《国闻周报》《益世报》《再生》《文学季刊》等大型报刊上。

李长之文思敏捷，下笔千言，在他创办刊物、主编副刊期间，经常是一人独立执笔，全面支撑。著名的《鲁迅批判》是他主笔天津《益世报》“文学副刊”时连载的，副刊每逢周三和读者见面，洋洋洒洒万字左右一大版面，引得众多读者伸颈注目，争览报栏。有时报刊索稿，他让人在桌旁喝茶抽烟，自己在另一边执笔挥毫，片刻立就。有一次，朱自清询问他一天写作的最高纪录是多少，他回答说：“快的时候，曾写过一万五千字的长文，还另外写了两篇杂感。”①

李长之极具语言天赋，他通晓英文、法文、德文、日文、俄文，其中俄文是他在四十岁以后所学的，也就几个月的工夫就可以进行翻译了。中国青年出版社一九五四年出版过他翻译的《什么是马克思主义哲学》一书。一九五八年他用英文向国外介绍了中国近代小说《镜花缘》，发表在《中国文学》上。作为翻译家，他的主要译著是德文作品，他翻译了歌德的《歌德童话》，翻译了席勒的剧作《强盗》。他翻译的玛尔霍兹的《文艺史学与文艺科学》，全面介绍了德国关于文艺史学与文艺科学的理论，被宗白

---

① 李长之. 李长之文集：第二卷 [M]. 石家庄：河北教育出版社，2006：366.

华称为“有价值的中国还很缺少的文艺科学名著”。他的《德国的古典精神》专门介绍德国古典时期温克尔曼、歌德、康德、席勒、宏保尔特、薛德林的生平和著作，一九四三年由东方书社出版。时隔六十余年，中国社会科学出版社再版了此书。

李长之写作极其勤奋，在他的生活中，“写作是最快乐的了”。也有时由于太投入，“写完了时，面色也发白了，四肢也瘫软了，像生过一次恶性疟疾”。[①] 李长之对写作的条件要求很低，只要有笔，铅笔、钢笔、毛笔都行；只要有纸，哪怕是劣纸、废纸、旧报纸，只要能写上字，都不嫌弃。他写作也很少受环境的干扰，车上、船上、旅店、公园，只要纸笔在手就可以写出来。他可以连续几天不停顿地写作，其主编《时与潮文艺》的“书评副刊”期间所署的时间地点就是明证。他握笔的右手食指长着老茧，也曾因为写作生过几场大病，仿佛他来到这个世上就是为了写作！

他是一个诗人，出版过《夜宴》《星的颂歌》。

与一般诗人不同，李长之的诗歌创作是与他的诗歌理论相伴而行并产生影响的。他认为“诗的本质必须是情感的”，“诗的精神必须是韵律的”，“诗的形式必须是自由的”。他认为当日诗坛上的致命伤是“情感上的贫血”：“胡适没有诗人的情感”，“郭沫若有诗人的情感，而粗糙，而不纯粹”，“徐志摩的诗漂亮则有之，流利则有之，情感也有，然而是浮薄的，缺少一种来源很深厚很绵长的生命力”。[②] 李长之自称其诗“没有风花雪月，没有香草美

① 李长之. 李长之文集：第八卷 [M]. 石家庄：河北教育出版社，2006：516.

② 李长之. 李长之文集：第三卷 [M]. 石家庄：河北教育出版社，2006：98-99.

人，没有惯于看旧诗的所要求的山水画的意境，也没有普洛，或者布尔，但青年人的要求与苦闷却是有的，这里我信是有一颗活的青年人的忠实的心；理想的碰壁，童幻的憧憬，前进的魔障，以及愚妄的压迫。……还有许多说不清的缭绕和纠缠”[①]。李长之少年时代的诗歌充满了童真和童谣色彩，比如《邻家的小孩儿》《小学校的门口儿》等，而进入清华大学之后的诗歌则充满思辨特点，更多表现的是学术的追求、思想的苦闷、理想的探索。诸如《思想的桎梏》《人生几何》《怀李太白——为本书渝版题》《女娶之歌》等。他的《一个青年人的苦闷》原题是《一个思想家的苦闷》，是一九三四年八月至一九三六年四月间其心路历程的形象记录。既有诗歌，又有理论，就其把对思想和理念的追求，把思辨的复杂过程用形象的、韵律的形式表现而言，李长之的诗歌在二十世纪三四十年代的诗坛上颇具特色。

他是一个童话和通俗读物的作家。

也许是李长之始终怀有一颗童心，“始终爱孩子”“拥护孩子”，也许是受到鲁迅和周作人的影响吧，李长之很早就写过给儿童看的《孩子的书》和《我教你读书》。像诗歌创作一样，李长之为孩子们写的书也是理论和创作相伴而行。他在翻译《歌德童话》时写了长长的序言阐明童话理论，是二十世纪三十年代罕有的童话学理论文字。李长之自己也写童话：《燕子》《龙伯国》《大理石的小菩萨》。这些童话，生动、浅近，更重要、更难能可贵的是带有浓厚的中国传统文化色彩，承载着中国传统文化的血脉。

---

① 李长之. 李长之文集：第八卷[M]. 石家庄：河北教育出版社，2006：5-6.

李长之最富盛名的通俗读物是介绍西方哲学的《西洋哲学史》和介绍中国传统文化的《孔子的故事》。对于《西洋哲学史》，抗战时期的重庆《时事新报》评论说："中国近代出版的哲学书数量不大，能散布着智慧的愉悦的更是不多。往往不是晦涩难读，就是企图着纯学术以外的目的，或是两者兼而有之。李长之君这本小的《西洋哲学史》里却包罗着溢出篇幅以外的丰富的哲学生命；这里是西洋两千多年的心灵的探险，智慧的结实；用着热情（对哲学的真正热爱）和明澈的态度，为着没有学过哲学书而徘徊于哲学门墙之外的青年写的。"[①] 对于《孔子的故事》，有评者认为"此书有两个显著优点，一是文字能做到真正意义上的通俗，二是史料处理严谨。这两条，对于我们今天做文化普及工作，仍具有示范意义"[②]。在中国现当代文化史上，许多人不很重视通俗读物的创作，有学问的人不屑于做或不肯做，学问少的人又做不好。李长之既有学问，又有爱心，可以说是难得的投入这方面来又取得了非凡成绩的作家和学者。

他是一个散文家。

李长之的散文明晰、通脱、大气。由于受过哲学的系统训练，其散文不斤斤于描头画角，而是高屋建瓴，大处着眼，元气淋漓。他的《大自然礼赞》写于一九三五年，那时他还是大学生，但作品一面世便引起轰动，现在人们依然喜爱它，很多中小学课本和课外读物选了它作为散文精品范本。李长之也写了不少游记，起初

---

① 《时事新报》，《学灯》渝版135期，1941年7月14日。

② 于天池，李书. 用学者的精神写通俗的读物[J]. 书品，2004（6）.

颇受他的老师邓以蛰《西班牙游记》的影响，婉曲、流畅、充满书卷气，后来形成了自己的风格。那风格是：在描写上，不把重心放在自然风光而是放在民俗和文化上；在结构上，不采用线性叙事顺序而是采用散点透视的原则；在叙述上则采用白描手法，简洁而生动。一九三七年他写的《昆明杂记》曾经引起轩然大波，导致其被迫离开昆明。但多年后，这篇游记得到了学界也包括云南昆明人的理解和首肯。他后来写的《鸡鸣寺小品》《北平风光》也都堪称游记的佳构。李长之的文言文也得心应手，颇有孟子、司马迁的笔调，他的《悼季鸾先生》古色古香，显示了深湛的功力。

李长之又是一个文学史家。

二十世纪五十年代初，他写的《中国文学史略稿》一出版，立即受到高校从事中国古典文学教学的师生们的热烈欢迎。第一卷初版印数是5000册，第二卷也是5000册，第三卷初版印数一下子飙升到16000册，这在李长之著作出版史上是破天荒，在当时的古典文学研究出版领域也是一鸣惊人。与时下大量泛滥的文学史著作不同，李长之不是拼凑写作班子，各写一章节，各管一段，而是以一人之力贯穿到底，因此《中国文学史略稿》几卷的观点一以贯之，风格极其统一；他写《中国文学史略稿》也不是仓促领课题，赶任务，而是源于内在的冲动，有着强烈的文化使命感，因此既有丰厚的学术底蕴，又有对于中国文学史的挚爱和探索，充满灵动与活力。他写《中国文学史略稿》也不是像某些学者在一两年急就上马，而是做了长时间的准备，早在二十世纪三十年代他就立意要写一部中国文学史。为此，他在理论上做了充分的准备，阅读研究了大量西方理论著作，翻译了玛尔霍兹的《文艺史学与文艺科学》，撰写了《北欧文学》，将北欧文学作为他山之石，撰写了《中国文学史导论》《中国文学史上的律则》作为体系前奏，尤其是，他对于中国文学有着系统而深入的观照：从远古的《诗经》到现代的鲁迅，举凡大的作家作品、重要的文学现象，李长之都有重要的单项研究成果问世。这使得《中国文学史略稿》虽然是一部教材，却有着理论的深度和独到的见解，是李长之从宏观的角度对于中国文学史长期沉潜研究的结晶。可惜的是，《中国文学史略稿》第三卷出版后就赶上“反右”斗争，续写的元代文稿和他的主人一起被打翻在地；而明清部分、近代部分、现当代部分，虽断章零篇尚存，其内容则和其主人一起被封存在厚厚的历史尘埃之中。一九七八年春节，改革开放之初，刚刚筹建的大百科全书出版社立刻想到了《中国文学史略稿》，他们找到李长之，要求再版，并且希望在短期内续写未完成的部分。李长之非常高兴，在写好了的《中国文学史略稿新版题记中》慨然说：“我只有重整我的专业，没完成的，完成它，已完成的修改好，为祖国的建设增添一砖一瓦，或者权当我的几声呐喊和欢呼，以鸣盛世吧。”[①]岂料天不遂愿，李长之于是年的年底猝然离世，《中国文学史略稿》成了《广陵散》，无人能续！

（三）

尽管李长之在学术领域涉猎甚广，皆堪称一流，但学术界还

① 李长之．李长之文集：第七卷 [M]．石家庄：河北教育出版社，2006：710.

是主要以批评家视之，而李长之也最喜欢别人称他为批评家，说："如果有人称我为批评家，我听了最舒服，比称我什么都好。"①

李长之的批评是广义的批评，相当于英国学者阿诺德所说的Criticism。他说："从根本上看，文学批评家就等于批评家，不过，这批评家乃是把他的批评精神应用到文学上去了而已。"② 他创办了中国第一个文学批评杂志——《文学评论》。他主张文学批评要专门化、专业化，"批评家就应当搞一辈子，不能中断，不能松懈"。③ 他是中国现当代最早的职业批评家的杰出代表。

由于李长之学贯中西，其批评的理念是Criticism ，所以其批评的视野极其开阔广博，贯通中外古今，并不限于文学一隅。在现当代批评家当中，无论是从论文的数量还是所涉猎的内容范围上都取得了傲人的成绩。他曾是出色的政论家，为《大公报》《北平晨报》《自由评论》《世界日报》《和平日报》等报刊撰写了许多论时事、论教育的文章。即使就大家公认的文学批评领域而言，李长之的批评实践与其说在文学，毋宁说侧重在文化。他说："（文学的）工具问题，形式问题，都关联于内容的，内容却关系于整个文化。我们是必须把研究中国文学的事纳入体系的学术的轨道，从世界性，整个性，窥出那文化价值，从而批判之，变改之，由中国文学的新建设，以备人类的美丽健康的文学采择的！""我们要考核中国文学的内容，只有从整个的文化价值（Kulturwert）出

---

① 李长之. 李长之文集：第三卷 [M]. 石家庄：河北教育出版社，2006：556.

② 李长之. 李长之文集：第三卷 [M]. 石家庄：河北教育出版社，2006：23.

③ 李长之. 李长之文集：第三卷 [M]. 石家庄：河北教育出版社，2006：555.

发，来认识我们的大作家。”[①]正是由于这种文化观念，李长之的文学研究有一种恢宏的气象。他的《司马迁之人格与风格》是现当代研究《史记》和司马迁的重要参考。司马迁是百科全书式的巨人，他所处的时代又是中国在经济、文化、军事、外交全面放射出灿烂光华的岁月，单纯的文学批评家难以观照，单纯的历史评论家也难以掌控，而李长之的宽阔的文化视野则举重若轻地肩负起了这个任务。在所有中国经典作家中，李长之极为重视以孔子为代表的儒家文化，他认为“中国文化的精华在此”，“如果说中国有一种根本的立国精神，能够历久不变，能够浸润于全民族的生命之中，又能够表现中华民族之独特的伦理价值的话，这无疑是中国的儒家思想”。[②]在对五四运动进行重新评价之后，他慨言：“我们却希望更深厚，更热情的文化新页早些开始。倘若我们再不要只是瓶中的插花了，那就必须是衔接（不是限于）中国文化传统而后可。”[③]李长之的某些批评的观点可以商榷，但他对于中国文学的深刻看法，对于中国传统文化的挚爱，对于复兴中国文化的强烈历史使命感，几十年之后反观回视，依然令我们震撼！

中国传统的文化批评，往往是诗话式、评点式，甚至是注释式的，缺乏系统性和体系性。李长之的文化批评引进了西方论文和专著的形式，给予了极大的颠覆。我们不能说李长之是体系批评的第一人，因为早在一九〇四年王国维就以其《红楼梦评论》开

① 李长之. 李长之文集：第三卷 [M]. 石家庄：河北教育出版社，2006：110.

② 李长之. 李长之文集：第一卷 [M]. 石家庄：河北教育出版社，2006：58.

③ 李长之. 李长之文集：第一卷 [M]. 石家庄：河北教育出版社，2006：17.

启了现代体系批评的大门；我们也不能说李长之是那个时代唯一运用体系批评的批评家，因为其时无论是京派批评家还是海派批评家，大都也在采用着相关的形式。但是李长之是那个时代写书评最多最好的一个批评家，他的笔尖当日几乎横扫了所有文化名人，著名的批评鲁迅的《鲁迅批判》的出现，不仅是第一次对于鲁迅的批评，也不仅是第一次对于作家的专论。有论者认为李长之的“这种有组织，有体系的批评，在中国当时的文学批评界其意义甚至超越了对鲁迅分析批评的自身”①。李长之的《道教徒的诗人李白及其痛苦》甚至也是在古典文学批评领域第一次对于一个作家的专论。某种文艺形式或方法取代旧有的文艺形式或方法需要理论，需要方法，但更需要有实践和示范，只有出现了影响巨大的代表作，其后续又极快且多且好，新的文艺形式和方法才会形成潮流，才会改变旧有的方向，而李长之在这个潮流中无疑是有力的领跑者。

李长之视其批评如创作，尤其强调激情。他自言创作冲动不强烈时不写，酝酿不成熟时不写，没感到和自己的生命有共鸣时不写。他写《司马迁之人格与风格》时多次掩卷哭泣，写《道教徒的诗人李白及其痛苦》又多次大笑而歌。他在批评上主张“感情的批评主义”。这使得李长之的批评文字在明晰之外，有着浓重的抒情色彩和浪漫笔调，有时如火山爆发，若决江河；有时低徊咏叹，如泣如诉。他的论文不像一般的说理论文那样沉闷，絮叨，晦涩，令人生厌，而是明晰，清楚，充满抒情笔调。这是李长之

① 于天池，李书．论批评家李长之对鲁迅的研究 [J]．鲁迅研究月刊，2000（8）．

的学术专著在今日能够一版再版的重要原因之一。

作为批评家，李长之最强调也最为人称道的是他高扬的批评家精神。他说："伟大的批评家的精神，在不盲从。他何以不盲从？这是学识帮助他，勇气支持他，并且那为真理，为理性，为正义的种种责任主宰他，逼迫他。"[①]"批评是反奴性的。凡是屈服于权威，屈服于时代，屈服于欲望（例如虚荣和金钱），屈服于舆论，屈服于传说，屈服于多数，屈服于偏见成见（不论是得自于他人，或自己创造），这都是奴性，这都是反批评的。千篇一律的文章，应景的文章，其中决不能有批评精神。批评是从理性来的，理性高于一切。所以真正批评家，大都无所顾忌，无所屈服，理性之是者是之，理性之非者非之。"[②]他是这样说的，也是这样做的。因此，他的批评往往并不符合中国人爱作绝对肯定或绝对否定的习惯，也不顾及中国人为长者讳、为尊者隐的文化传统。陶渊明是中国文学史上的大诗人，也是李长之喜爱的作家，但他在《陶渊明真能超出于时代么》一文中就指出，陶渊明无论在题材和表现手法两个方面都有着承袭和不高明的地方，"是六朝人的习气使然"[③]。他是尊敬热爱孙中山、鲁迅先生的，但他写的《我所认识于孙中山先生者》，热爱孙中山先生的人认为李长之的文章诬蔑领袖，否定孙中山先生的人认为他美化吹捧国民党；他的《鲁迅批判》也碰到了同样的情况。比如，他认为鲁迅不是思想家，

① 李长之. 李长之文集：第三卷 [M]. 石家庄：河北教育出版社，2006：23.

② 李长之. 李长之文集：第三卷 [M]. 石家庄：河北教育出版社，2006：155.

③ 李长之. 李长之文集：第七卷 [M]. 石家庄：河北教育出版社，2006：427.

是战士。本来这是与不是，是可以讨论的，但在中国的文化环境中，一旦对某个问题的评论上升到政治的高度，一旦意见定于一尊了，相左的意见便不仅难以立足，而且变成了罪恶。《鲁迅批判》这本书在抗战期间被日本人所禁，被国民党所不喜；而新中国成立后的二十世纪五六十年代，它同样成为禁书，成为诬蔑鲁迅的反面教材。李长之去世的前一年，上海某出版社来人，意欲重新出版《鲁迅批判》，条件是将《鲁迅批判》的书名改成《鲁迅分析》。李长之和他们争执良久，后来不无苍凉地说："批判，其实就是分析评论的意思。我为《鲁迅批判》遭了一辈子罪，不改、不出，也罢！"

（四）

李长之无疑在中国现当代文化史上是一个引人注目的学者。

从一方面来看，他的人生，尤其是后半生，充满了悲剧色彩，在践踏和屈辱中走完了人生的旅途。

他远较其他知识分子受批判要早。一九五〇年他就因《鲁迅批判》而写过检查。对电影《武训传》的批判，他也牵扯其中。"三反""五反"中，他被停过课。一九五七年之后，终于被彻底停止了教书、写作的权利。"文化大革命"当中，他被戴上了"高帽子"，被批斗。一九七八年，可能因为不慎摔倒而不起，也可能是长期屈辱艰难的生活使他走到了生命的尽头。总之，他能够活到一九七八年，本身就是生命的奇迹！

但从另一方面来看，李长之又是幸运的。

以他的天资，在封建社会也不过就是一个神童而已。但是，他的童年既沐浴在“五四运动”的阳光下，又熏陶在齐鲁大地那个传统文化极为浓厚的氛围中。青年时负笈北平，在清华大学学德文，在自由主义的教育环境中最终自由自在地完成了自我。李长之与他的“五四”前辈不同，他没有传统文化的负担，也没有引进西方文化产生排异反应的恐惧。他深受中西两套博大精深文化的教育，中西方文化成果对他来说是一样的精严、一样的叹为观止。所以，李长之有“我有三个向往的时代”那样并列的看法，有着充分的文化底蕴去评论“五四运动”，并在抗日战争即将结束的时候，乐观地向往着当中国完成了统一、民主之后，会迎来一个无愧于既往的古代文化，也不逊色于西方文化的真正的文艺复兴。

李长之有天才的自觉意识和使命感。他在二十四岁时发表了《告青年文艺者——当心你的二十四岁》一文，说“从来的大作家，多半在二十四岁有他的惊人的处女作”，所以青年人“必须在二十四岁之前有所准备，例如观察分析的能力，对人类社会的认识理解，文字的熟练，和风格的独特，个人的中心思想，也就是人生观的确定，以及种种健全的现代人所应具的学识，都必须充分培养，像花草一样，必须有了种种培植滋养，才能到时候开一朵鲜艳美丽的花朵，在人，这时候便是作了开端的二十四岁”[①]。果然李长之就在是年发表了《鲁迅批判》，奠定了他在中国现当代批评家的地位。从这个意义上说，李长之靠着他的勤奋努力，依靠着时

---

① 李长之．李长之文集：第八卷 [M]．石家庄：河北教育出版社，2006:290-291.

代的恩赐，没有夭折，没有埋没，是一个成长了的天才。

李长之有幸在还活着的时候赶上“文化大革命”结束，看到了改革开放的熹微的曙光。

他去世后，其学术活动以及在现当代文化史上的贡献，渐渐揭开面纱，显露于世。

著名的现当代文学史家司马长风在一九七五年（香港尚未回归，李长之尚在世时），在香港发表《李长之实大于名》的文章，称李长之是民国年间四大批评家之一，其他三人分别是李健吾、朱自清、朱光潜，他认为与其他人相比，“在著作方面李氏未得尽其才，知者甚少，可以说是实大于名的作家”[①]。司马长风说李长之未能尽其才，确实是真知李长之者。据我们所知，李长之除《中国文学史略稿》没有完成外，还有《中国美学史》《杜甫论》《李商隐》等一大堆作品因故死于襁褓。可以想象，假如李长之后来没有遭到厄运，天假之年，继续发挥天纵之才，那么他的如椽之笔该会给中国文坛带来多么大的贡献呢！不过，说李长之“实大于名”，则可能只限于司马长风说话的那个年代。历史是相对公正的。有的人，在世时因缘际会，可能声名显赫，名大于实，而死后则身与名俱灭，或名回落到应有的位置；而有的人，虽然由于各种原因，身前寂寞，甚至遭到封杀，但身后却不仅被人存留于长时间的记忆，而且还可能永垂不朽呢！

① 司马长风. 李长之实大于名 [J]. 香港：明报月刊（集思录）,1975-5-28.

图书在版编目（CIP）数据

韩愈 / 李长之著 . -- 武汉 : 华中科技大学出版社 ,2022.6（2024. 5 重印）
ISBN 978-7-5680-7958-7

Ⅰ . ①韩… Ⅱ . ①李… Ⅲ . ①韩愈（768-824）- 传记 Ⅳ . ① K825.6

中国版本图书馆 CIP 数据核字 (2022) 第 067816 号

韩愈 李长之 著

Han Yu

策划编辑：刘晚成　孙　念
责任编辑：林凤瑶
策划监制：小马 BOOK
特约编辑：小马 · 小北
责任校对：肖诗言
责任监印：朱　玢
封面设计：· 车　球
出版发行：华中科技大学出版社（中国 · 武汉）　电话：（027）81321913
武汉市东湖新技术开发区华工科技园　邮编：430223
印　　刷：湖北新华印务有限公司
开　　本：880mm × 1230mm　1/32
印　　张：8
字　　数：158 千字
版　　次：2024 年 5 月第 1 版第 4 次印刷
定　　价：39.80 元

華中出版

本书若有印装质量问题，请向出版社营销中心调换
全国免费服务热线 :400-6679-118　竭诚为您服务